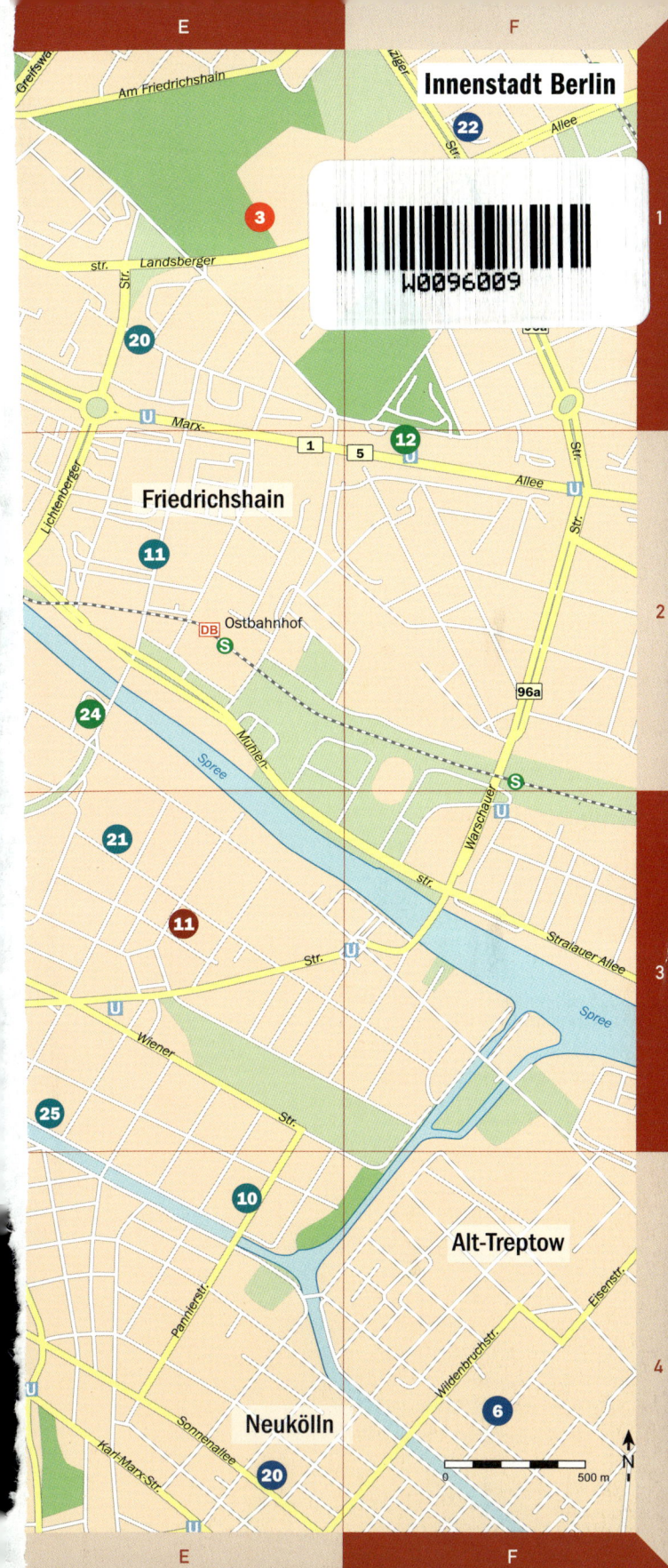

Innenstadt Berlin

Friedrichshain

Ostbahnhof

Alt-Treptow

Neukölln

Am Friedrichshain

Landsberger

Marx-

Allee

Spree

Spree

Stralauer Allee

Mühlen-

Warschauer

Wiener

Str.

Pannierstr.

Sonnenallee

Karl-Marx-Str.

Wildenbrochstr.

Eisenstr.

N

0   500 m

Legende

Nummer in der Karte
Ort / Person / Institution / Ereignis
Adresse
Verkehrsanbindung
ggf. Öffnungszeiten / Internetadresse
Kartenangabe
☒ historischer Ort nicht mehr vorhanden

Herausgegeben für die Friedrich-Ebert-Stiftung

betreut von Dr. Irina Mohr und Nicole Zeuner

Die Deutsche Nationalbibliothek verzeichnet diese Publikation
in der Deutschen Nationalbibliografie; detaillierte bibliografische Daten
sind im Internet über http://www.dnb.de abrufbar.

1. Auflage, September 2012
© Christoph Links Verlag GmbH
Schönhauser Allee 36, 10435 Berlin, Tel.: (030) 44 02 32-0
www.christoph-links-verlag.de; mail@christoph-links-verlag.de
Coverfoto: Demonstration anlässlich des 50. Jahrestages
des Sozialistengesetzes, Berlin 1928 (Archiv der sozialen
Demokratie der Friedrich-Ebert-Stiftung, Bonn)
Karten: Christopher Volle, Freiburg
Lektorat: Dr. Stephan Lahrem, Berlin
Satz: Agentur Marina Siegemund, Berlin
Druck und Bindung: Auer Buch + Medien GmbH, Donauwörth

ISBN 978-3-86153-691-8

Helga Grebing/Siegfried Heimann (Hg.)

Arbeiterbewegung in Berlin

Der historische Reiseführer

Redaktionelle Mitarbeit: Marion Goers, Daniela Honigmann

Einleitung 4

Die Anfänge (1848–1875) 6
Die europäische Revolution von 1848/49   7
Die ersten Arbeiterparteien   14

Aufstieg im Kaiserreich (1875–1914) 18
Die sozialdemokratische Arbeiterbewegung   19
Die Gewerkschaften   33
Frauenemanzipation   36
Politischer Antisemitismus   41

Krieg und Revolution (1914–1919) 44
Die Spaltung der Arbeiterbewegung   45
Die Revolution von 1918/19   51

Weimarer Republik (1919–1933) 56
Die SPD als Klassen- und Verfassungspartei   57
Solidargemeinschaft als Lebensform   70
Gewerkschaftliche Kämpfe und Institutionen   83

NS-Diktatur (1933–1945) 92
Widerstand und Verfolgung   93

Das geteilte und wieder vereinte Berlin (1945 bis heute) 104
Zwangsvereinigung 1946   105
Die SPD in Ostberlin   113
Der Arbeiteraufstand vom 17. Juni 1953   116
Die »Berlin-Partei«   120

Anhang 132

Ch. Links Verlag, Berlin

Einleitung

Berlin war in der zweiten Hälfte des 19. Jahrhunderts nicht nur die Hauptstadt des Deutschen Reiches, sondern zugleich die größte Industriestadt in Deutschland und damit auch ein Zentrum der entstehenden deutschen Arbeiterbewegung, in der bald die Sozialdemokratie dominierte. Ihre Protagonisten betrachteten damals Berlin nach einer Bemerkung Wilhelm Liebknechts als »Hauptstadt der deutschen Sozialdemokratie«.

Nach der Aufhebung des repressiven Sozialistengesetzes konzentrierten sich die zentralen Vorstände politischer und kultureller Organisationen der Arbeiterbewegung in Berlin. Namhafte Vertreter wie August Bebel zogen in die Hauptstadt. Ab 1890 fanden hier große, auch international beachtete Massenveranstaltungen statt: die Lassalle- und Marx-Feiern, die gewaltigen Wahlrechtsdemonstrationen, riesige Trauerzüge wie der für Wilhelm Liebknecht im August 1900. Bei den letzten Wahlen vor dem Ersten Weltkrieg wählten in Berlin 75,3 Prozent der stimmberechtigten Männer über 25 Jahre die sozialdemokratischen Kandidaten in sechs Wahlkreisen. Niemand konnte nunmehr daran zweifeln, dass die Hauptstadt des Kaiserreichs »rot« war.

Das alles mag verständlich machen, warum die Zahl der Erinnerungsorte für die Geschichte der Arbeiterbewegung in Berlin immer noch besonders groß ist, obwohl es der Nazi-Diktatur und dem von ihr angezettelten Zweiten Weltkrieg geschuldet ist, dass viele der »authentischen« Orte heute nicht mehr auf dem Stadtplan zu finden sind. Die Teilung der Stadt trug ebenfalls dazu bei, die Spuren der demokratischen sozialistischen Arbeiterbewegung im Ostteil Stadt zu verwischen. Es müssen deshalb in der 1989/90 neu vereinten Stadt diese Spuren teilweise erst wieder entdeckt werden.

Erinnerungsorte sind auch »Lernorte«, die Geschichte anschaulich machen. Dabei bezieht sich der Begriff »Erinnerung« in der politisch-kulturellen Öffentlichkeit heute fast immer und sicher zu Recht auf die Erinnerung an zwei deutsche Diktaturen. Darüber sind jedoch und sicher zu Unrecht die Orte der Erinnerung an die deutsche Demokratiegeschichte in den Hintergrund gedrängt worden. Dennoch: Es gab sie seit der Revolution von 1848, und sie sind stets auch mit der Geschichte der demokratischen Arbeiterbewegung verbunden gewesen.

So gilt es, nicht nur einzelne Erinnerungsorte, sondern eine ganze »Erinnerungslandschaft« zu entdecken, die einen Eindruck von den Höhen und Tiefen der Arbeiterbewegung, konzen-

Sozialismus; Postkarte, Ende des 19. Jahrhunderts

Demonstration für das Frauenwahlrecht, Berlin 1919

triert auf die sozialdemokratische Arbeiterbewegung in Berlin vermittelt.
Ihre Geschichte wird im Zentrum dieses Buches stehen, da die Autorinnen
und Autoren sich dieser demokratischen Tradition der Arbeiterbewegung
verpflichtet fühlen. Die Orte der Erinnerung an die kommunistische und
die anarchistische Arbeiterbewegung
werden beispielhaft einbezogen, da
es dazu bereits einige umfassende
Darstellungen gibt.

Die Texte folgen in sechs Kapiteln dem
zeitlichen Verlauf der Geschichte –
von den revolutionären Anfängen 1848
und der Gründung der ersten Arbeiterparteien über den Kampf um gleiche
politische Rechte, die Etablierung der
Gewerkschaften und die Ausbildung
eines lebensweltlichen Arbeitermilieus
bis hin zu Verfolgung und Widerstand
während der NS-Zeit und der Wieder-
belebung der Arbeiterbewegung nach
dem Zweiten Weltkrieg.

Anhand von Gebäuden, Straßen und
Plätzen werden die Wohnorte, Wir-
kungsstätten und Biografien bekannter, weniger bekannter, vielleicht
sogar zu Unrecht vergessener Persönlichkeiten der demokratischen Arbeiterbewegung vorgestellt. Daneben
finden sich Texte zu Gewerkschaften,
Vereinen und Verbänden der Arbeiter-
kulturbewegung, aber auch zu moder-

Hufeisensiedlung: Häuser und Mieter-
gärten in der Parchimer Allee

nen Siedlungsbauten und letzten Ruhe-
stätten. Knappe Überblicksessays zu
den verschiedenen Epochen und Di-
mensionen der Arbeiterbewegung ermöglichen eine bessere geschichtliche
Einordnung der beschriebenen Erinnerungsorte.

Die Autorinnen und Autoren dieses
historischen Reiseführers haben sich
bemüht, mit ihren Beiträgen die Vielfalt der Geschichte der sozialen und
demokratischen Arbeiterbewegung
widerzuspiegeln, und wollen so mit-
helfen, die Orte der Erinnerung an
diese Geschichte im Stadtbild Berlins
wieder erlebbar zu machen.

Helga Grebing / Siegfried Heimann

Die Anfänge

(1848 – 1875)

Die europäische Revolution von 1848/49

1848/49 wurde ganz Europa vom revolutionären Willen nach politischer und sozialer Demokratie erschüttert. Die Revolution begann im November 1847 in der Schweiz und im Januar 1848 im Königreich der beiden Sizilien; sie erreichte Ende Februar 1848 Frankreich, im März die Habsburger Doppelmonarchie, Preußen und die übrigen deutschen Staaten. Hauptschauplätze der Revolution waren Paris, Wien und Berlin. Mit den für die Freiheitsbewegung siegreichen Barrikadenkämpfen vom 18. und 19. März 1848 in Berlin hatte – nach der Pariser Februarrevolution und der Wiener Märzrevolution fünf Tage zuvor – nicht nur die preußische und deutsche, sondern ebenso die europäische Revolution bemerkenswerte Erfolge erzielt.

In der preußischen Hauptstadt zeigte sich zwischen März und November 1848 die ganze Vielfalt der Revolutionsbewegung. In Berlin gab es zahlreiche Barrikaden, herrschte große materielle Not und protestierten die Handwerksgesellen und Lohnarbeiter gegen die Massenarbeitslosigkeit. Zahllose Zeitungen entstanden. Die Straße wurde zum politisierten Raum, allerorten wurden Flugschriften, Plakate und Wandzeitungen gelesen und debattiert.

Berlin war aber auch der Ort eines frühen, mannigfaltig verästelten politischen Vereins- und Klubwesens, wo zudem eine der bedeutenden Volksvertretungen des Jahres 1848 tagte: die Preußische Nationalversammlung, das neben der Nationalversammlung in Frankfurt am Main wichtigste Revolutionsparlament in Deutschland. Nicht zuletzt wurde Berlin zum Geburtsort der frühen deutschen Arbeiterbewegung. Ende August, Anfang September wurde in der Preußenmetropole die »Arbeiterverbrüderung« mit Stephan

Signet der Arbeiterverbrüderung, 1849

Born an der Spitze aus der Taufe gehoben.

Die Reaktion ließ nicht auf sich warten. Mit dem Sieg der Gegenrevolution in der Pariser »Junischlacht«, in Wien Ende Oktober und in Berlin in der ersten Novemberhälfte 1848 war das Schicksal der europäischen Revolution entschieden. Endgültig besiegelt war ihre Niederlage jedoch erst mit der Einnahme der badischen Festung Rastatt durch preußische Truppen am 23. Juli 1849, der Kapitulation der verbliebenen Truppen der ungarischen Freiheitsarmee am 13. August bei Világos sowie dem Fall des von österreichischen Truppen eingeschlossenen republikanischen Venedig am 22. August 1849. Gleichwohl blieb der Aufbruch von 1848 keineswegs folgenlos: Mit der Revolution begann in Deutschland die Geschichte der politischen Parteien, der Gewerkschaften, der Parlamente und auch eines demokratischen Sozialstaats. Namentlich die sozialistische Arbeiterbewegung bezog aus der Revolution von 1848/49 wesentliche politische Energien.

Rüdiger Hachtmann

Berlin, 21. August 1848: Aufruhr vor dem Sitz des Ministerpräsidenten

12. Die Massenversammlung „an der einsamen Pappel" vor dem Schönhauser Tor am 26. März 1848

Versammlung am 26. März 1848 »an der einsamen Pappel«; zeitgenössische Zeichnung

1 Einsame Pappel
Rondell gegenüber Topsstr. 15,
10437 Berlin-Prenzlauer Berg,
U-Bhf. Eberswalder Straße
Karte hinten, Detailkarte 1

Die Wochen vor und nach den Barrikadenkämpfen im März 1848 waren
eine hochpolitische Zeit. Die Diskussionen aktueller Entwicklungen fanden
ihren Weg aus den privaten Salons
auf die Straße. Unmittelbar vor der
Märzrevolution brachten zum Beispiel
Studenten ihre Forderungen nach demokratischen Freiheiten bei Versammlungen »In den Zelten« vor, der von
Ausflugslokalen gesäumten Straße im
Tiergarten (heute Höhe John-Foster-
Dulles-Allee). Eine der größten Volks-
versammlungen fand am 26. März
1848 an der »Einsamen Pappel« auf
dem Exerzierplatz vor dem Schönhauser Tor statt. Hier waren es überwiegend Arbeiter, von denen sich mehr
als 10 000 zusammenfanden und die
sozialen Missstände anprangerten.
Neben einer allgemeinen Schulpflicht
forderten sie die Schaffung eines
Arbeitsministeriums, mit dem die

Arbeitslosigkeit bekämpft, die Arbeitsbedingungen verbessert und für eine
Grundsicherung für Invaliden gesorgt
werden sollte.
Die neu errungene Versammlungsfrei-
heit wurde ab Juli stufenweise einge-
schränkt, beginnend mit einer Verord-
nung des Berliner Polizeipräsidenten,
nach der keine unangemeldeten Kundgebungen unter freiem Himmel mehr
erlaubt waren. Die originale »Einsame
Pappel« ist 1967 im Rahmen von
Wohnungsbauarbeiten gefällt worden.
Der heutige Baum ist ein Ableger aus
ihren Reisern.

2 Zeughaus
Unter den Linden 2, 10117 Berlin-
Mitte, S- und U-Bhf. Friedrichstraße
www.dhm.de
Karte vorn, C 1

35 Jahre dauerte es, das Zeughaus
zu errichten. König Friedrich I. hatte
es im Rahmen des Ausbaus Berlins
zur Residenzstadt der preußischen
Könige in Auftrag gegeben, erlebte
seine Fertigstellung 1728 aber selbst
nicht mehr.

Zeughaussturm am 14. Juni 1848; Darstellung aus dem Neuruppiner Bilderbogen, 1848

Im revolutionären Frühsommer 1848 war das Waffenmagazin – in unmittelbarer Nähe zur Preußischen Nationalversammlung in der Singakademie (→ S. 11) – Ort tagelanger spontaner Massenversammlungen. Eine zentrale Forderung der Revolutionäre war die Volksbewaffnung. Das Gerücht ging um, König Friedrich Wilhelm IV. wolle die Waffen aus dem Zeughaus wegschaffen lassen, um außerhalb Soldaten für die Niederschlagung der Revolution auszurüsten. Am 14. Juni 1848 stürmten schließlich meist junge Handwerksgesellen und Arbeiter das Zeughaus und bemächtigten sich der Waffen. Als Folge musste der Polizeipräsident seinen Posten räumen, und das im März gewählte Kabinett trat zurück.

Ab 1952 war in dem Gebäude das Museum für Deutsche Geschichte der DDR untergebracht, seit 1990 beherbergt es das Deutsche Historische Museum.

3 Friedhof der Märzgefallenen
Ernst-Zinna-Weg / Landsberger Allee, 10249 Berlin-Friedrichshain, Tram-Haltestelle Klinikum am Friedrichshain
www.friedhof-der-maerzgefallenen.de
Karte vorn, E 1

Nach den Straßenkämpfen des 18. und 19. März 1848 wurde im heutigen Volkspark Friedrichshain ein Friedhof einzig für die Beisetzung von 255 Barrikadenkämpfern angelegt.

Friedhof der Märzgefallenen: Trauerfeier, 4. Juni 1848; Neuruppiner Bilderbogen

Ernst Zinna (r.) auf der Barrikade Jäger-, Ecke Friedrichstraße, neben ihm der Schlossergeselle Heinrich Glasewald; Lithografie von Theodor Hosemann, 1848

Der Begräbnisfeier am Gendarmenmarkt am 22. März wohnten 20 000, nach manchen Angaben bis zu 100 000 Menschen bei. König Friedrich Wilhelm IV. sah sich gezwungen, dem Trauerzug entblößten Hauptes die Ehre zu erweisen. Schon im folgenden Jahr suchte die preußische Staatsmacht, die Gedenkfeiern und den Zugang zum Friedhof zu verhindern. Tausende hielten dennoch Jahr für Jahr am 18. März das Andenken aufrecht und machten den Ort zu einem wichtigen Symbol der Demokratie- und Arbeiterbewegung. Vor allem Sozialdemokraten nahmen sich später, unter strenger polizeilicher Beobachtung, der Traditionspflege auf dem Friedhof der Märzgefallenen an.

1918 wurden hier 33 Opfer der Revolutionskämpfe im November und Dezember bestattet.

Ein jahrzehntelang gefordertes Denkmal konnte endlich zum 100. Jahrestag 1948 eingeweiht werden. Der Paul-Singer-Verein bemüht sich heute um den Status eines nationalen Denkmals.

4 Ernst Zinna (1830–1848)

Jägerstraße 63 c, 10117 Berlin-Mitte,
U-Bhf. Französische Straße
Karte vorn, B 2

Ernst Zinna war 17 Jahre alt, als er sein Leben in der Nacht der Barrikadenkämpfe vom 18. auf den 19. März 1848 verlor. Der junge Schlosserlehrling hatte einst zwei Menschen vor dem Ertrinken gerettet und dafür die Preußische Lebensrettungsmedaille verliehen bekommen.

Die Wanderschaft als Geselle gerade abgeschlossen, verteidigte Zinna die Revolution direkt vor seiner Haustür. Gemeinsam mit seinem nur wenig älteren Freund Heinrich Glasewaldt hielt er die Barrikade Jäger-, Ecke Friedrichstraße besetzt, als diese eigentlich schon von den Mitkämpfern aufgegeben worden war. Von einer Gewehrsalve des anrückenden preußischen Militärs getroffen, starb er am folgenden Tage in der Berliner Charité. Eine Gedenktafel erinnert heute vor Ort an das Geschehen; zudem ist die Straße am Friedhof der Märzgefallenen nach Zinna benannt.

Wie er waren viele Opfer der Straßenkämpfe in Berlin sehr jung; ein gutes Drittel von ihnen hatte nicht einmal das 24. Lebensjahr erreicht. Die meisten Märzgefallenen waren Handwerker und »Arbeitsleute«. Die Revolution 1848 war also keineswegs nur eine des Bürgertums.

5 Singakademie

Am Festungsgraben 2, 10117 Berlin-Mitte, S- und U-Bhf. Friedrichstraße
www.gorki.de
Karte vorn, C 1

. . . .

1827 weihte die Sing-Akademie, die weltweit älteste gemischte Chorvereinigung, ihr von Karl Friedrich Schinkel entworfenes Stammhaus ein. Nach den ersten allgemeinen Wahlen diente der Konzertsaal von Mai bis September 1848 der Preußischen Nationalversammlung als Tagungsort. Anders als in der Frankfurter Paulskirche waren in Berlin neben Bildungsbürgern und Beamten auch Handwerker und Bauern im Parlament vertreten.

Die Bevölkerung verfolgte die Debatten mit großem Interesse, sah ihre Erwartungen an die Volksvertreter aber bald enttäuscht. Demokratische Abgeordnete waren in der Minderheit und konnten die offizielle Würdigung der Kämpfe vom 18. und 19. März nicht durchsetzen. Die Parlamentsmehrheit strebte eine konstitutionelle Monarchie an, in der eine Verfassung nur mit

Sitzung der konstituierenden Preußischen Nationalversammlung in der Singakademie, 1848; Zeichnung aus der »Illustrierten Zeitung« von 1849

Sitz der Arbeiterverbrüderung 1849/50 in der Alexanderstraße 37a (rechts von der vorderen Laterne), 1902

des Königs Zustimmung verabschiedet werden sollte. Nur wenige Monate später löste Friedrich Wilhelm IV. das Parlament am 5. Dezember 1848 auf. Seit 1952 ist die ehemalige Singakademie Sitz des Maxim-Gorki-Theaters.

6 Allgemeine Deutsche Arbeiterverbrüderung
Freifläche vor Alexanderstr. 13–17, 10179 Berlin-Mitte, S- und U-Bhf. Alexanderplatz
Karte vorn, D 1 ⊠

Führende Mitglieder des 1844 gegründeten Handwerkervereins (→ S. 15), wie Stephan Born (→ S. 13) und Ludwig Bisky, gehörten in der Revolution 1848 zu den Begründern der »Allgemeinen Deutschen Arbeiterverbrüderung«. Vom 23. August bis zum 3. September 1848 kamen in den Räumen des Handwerkervereins in der Johannisstraße mehr als 30 Delegierte verschiedener deutscher Arbeitervereine zusammen, um die »Arbeiterverbrüderung« als ihre erste deutschlandweite Organisation zu gründen. Das Berliner »BezirksKomité« war mit etwa 10 000 Mitgliedern der stärkste Regionalverband und hatte seinen Sitz erst in der Markgrafenstraße, ab April 1849 in der Alexanderstraße 37a. Die »Arbeiterverbrüderung« forderte, das Recht auf Arbeit in der Reichsverfassung zu verankern sowie das Wahlrecht für Handwerksgesellen, Dienstboten und Lohnarbeiter. Durch die Gründung von Produktiv- und Konsumgenossenschaften wollte sie die soziale Lage ihrer Mitglieder verbessern, und mit der Idee eines Kredit- und Sparvereins propagierte sie eine frühe Form der Arbeitslosenversicherung. 1850 wurde die »Arbeiterverbrüderung« verboten.

7 Stephan Born (1824–1898)

Rosmarinstr. 2, 10117 Berlin-Mitte,
U-Bhf. Französische Straße

Karte vorn, B2 ☑

Stefan Born, undatiert

Der gelernte Buchdrucker und Schrift-
setzer Stephan Born wurde in Lissa
(Polen) als Sohn eines jüdischen Kauf-
manns geboren. Seit 1845 gehörte
er zu den führenden Mitgliedern des
Handwerkervereins (→ S. 15). Während eines Paris-Aufenthaltes wurde
er 1847 Mitglied des »Bundes der
Gerechten«, aus dem wenig später der
Bund der Kommunisten wurde. Born
lebte danach in Brüssel und kehrte
erst Ende März 1848 wieder nach Berlin zurück. Er gab die Wochenschrift
Das Volk heraus, deren Redaktion ihren Sitz in der Rosmarinstraße 5 hatte.
Das längst abgerissene Gebäude befand sich auf dem Gelände der heutigen Hausnummer 2.
Im September 1848 war Born maßgeblich an der Gründung der »Arbeiterverbrüderung« (→ S. 12) beteiligt und
saß bis zum Verbot dieser ersten
deutschlandweiten Arbeiterorganisation
im »Zentral-Komité«. Anfang Mai 1849
stand Born während des Dresdner Auf-
stands gegen die sächsische Monarchie auf den Barrikaden. Er floh in die
Schweiz, wo er 1898 in Basel verstarb.
Im selben Jahr erschien seine viel
gelesene Autobiografie *Erinnerungen
eines Achtundvierzigers*.

Die ersten Arbeiterparteien

Im Dezember 1862 nahmen einige bereits in der 1848er Revolution aktive Mitglieder des Leipziger Arbeiterbildungsvereins Vorwärts Kontakt mit dem erfolgreichen Juristen und radikal-demokratischen Agitator Ferdinand Lassalle auf, der mit zwei großen Reden in Berlin für seine Ansichten über die politischen Augaben einer zukünftigen Arbeiterbewegung eine starke Resonanz gefunden hatte. Lassalle schickte den Leipzigern am 1. März 1863 sein »Offenes Antwortschreiben«, in dem er die Arbeiter aufforderte, eine eigene Partei zu gründen. Knapp drei Monate später, am 23. Mai 1863, fand in Leipzig die Gründungsversammlung des Allgemeinen Deutschen Arbeitervereins (ADAV) statt, der ersten deutschen Arbeiterpartei, und Lassalle wurde, ausgestattet mit diktatorischen Vollmachten, ihr Präsident.

Seit Ende der 1850er Jahre war wieder Bewegung in die politischen Verhältnisse gekommen, besonders in Preußen. Die bürgerlichen Liberalen wollten, getragen von der Dynamik der industriellen Entwicklung, Anteil an der Staatsgewalt gewinnen. Die Arbeiter-Gesellen wollten durch mehr Bildung am wachsenden Wohlstand des Bürgertums teilhaben. Sie wehrten durch häufige Streiks unternehmerische Willkür ab und versuchten, soziale Verbesserungen durchzusetzen. Dadurch wuchs die Fähigkeit, sich über die individuelle Betroffenheit hinaus politisch zu organisieren.

Der ADAV und Lassalle gaben diesen Bestrebungen eine laute Stimme. Aber die Agitation war nur in der preußischen Rheinprovinz, in Leipzig und in Hamburg erfolgreich, in Berlin dagegen zunächst einmal überhaupt nicht. Die Stadt war in den 1850er Jahren nach Norden und Osten gewachsen; viele neue Gewerbe, voran die Maschinenfabriken vor dem Oranienburger Tor, entstanden neben alten Gewerben wie der Zigarren- und der Schuhherstellung. Hatte die Stadt 1845 rund 380 000 Einwohner gezählt, so waren es 1865 bereits 657 000. Die Arbeiter gingen in Berlin zwar massenhaft zu Versammlungen des ADAV, aber Mitglieder wurden sie nicht. Sie blieben unter der Obhut der Liberalen – darunter die hochqualifizierten gutbezahlten Maschinenbauer von Borsig – oder hielten sich aus politischen Angelegenheiten heraus. Im Mai 1864, ein Jahr nach seiner Gründung, zählte der ADAV im Rheinland bereits 2689 Mitglieder, in Berlin gerade 35. Erst Ende der 1860er Jahre änderte sich das Ungleichgewicht.

Inzwischen hatte der ADAV eine sozialdemokratische Konkurrenz erhalten, den Verband Deutscher Arbeitervereine (VDAV) mit Sitz in Leipzig und von Wilhelm Liebknecht und August Bebel geleitet. Am Anfang der deutschen Arbeiterbewegung standen sich so zwei Dachverbände mit starken politischen Unterschieden gegenüber. Waren die Anhänger Lassalles zentralistisch, kleindeutsch-preußisch und antiliberal, so waren die Leipziger föderativ, großdeutsch und antipreußisch. Aus dem VDAV ging im August 1869 in Eisenach die Sozialdemokratische Arbeiterpartei (SDAP) hervor; in Berlin blieb auch diese Partei eine kaum beachtete Minderheit. Erst die ständigen Unterdrückungsmaßnahmen, die beide Parteien trafen, führten zu einer Einigung. Im Mai 1875 schlossen sie sich in Gotha zur Sozialistischen Arbeiterpartei Deutschlands (SAPD) zusammen. Der ADAV brachte 15 322 Mitglieder mit, die SDAP 9121. Im Gothaer Programm hieß es: »Die Partei erstrebt mit allen gesetzlichen Mitteln den freien Staat und die sozialistische Gesellschaft.«

Helga Grebing

Fahne des 1863 gegründeten Allgemeinen Deutschen Arbeitervereins

8 »Eldorado«
Bergstraße 1–2, 10115 Berlin-Mitte,
U-Bhf. Rosenthaler Platz
Karte vorn, C1 ☒

Wenn auch die parteipolitische Konstituierung der deutschen Arbeiterbewegung vor allem mit den Orten Leipzig (Allgemeiner Deutscher Arbeiterverein, ADAV) und Eisenach (Sozialdemokratische Arbeiterpartei, SDAP) in Verbindung gebracht wird, so gab es doch auch in Berlin zahlreiche Adressen, die zwischen 1863 und 1875 zu wichtigen Versammlungsorten der organisierten Arbeiterschaft wurden. Seit Oktober 1863 wurden die Arbeiter regelmäßig in das Lokal »Admiralsgarten« geladen, das sich in der Friedrichstraße 102 befand, dort, wo heute der Admiralspalast (→ S. 108) zu finden ist. Der Berliner ADAV hielt hier jeden Montag um 20 Uhr seine Versammlungen ab. In dem heute nicht mehr existierenden Lokal »Eldorado« fand am 22. November 1863 der erste öffentliche Auftritt Ferdinand Lassalles (→ S. 16) in Berlin statt. Das Tanzlokal befand sich in der Bergstraße, Ecke Torstraße mitten in einem proletarischen Viertel und wurde vorwiegend von Arbeitern besucht. Lassalles Rede rief bei den anwesenden Anhängern der liberalen Fortschrittspartei derartige Tumulte hervor, dass die Versammlung von der Polizei aufgelöst und Lassalle, gegen den am Morgen ein Haftbefehl wegen Hochverrats ergangen war, festgenommen wurde.

9 Handwerkervereinshaus
Sophienstr. 15, 10178 Berlin-Mitte,
U-Bhf. Weinmeisterstraße
www.sophiensaele.com
Karte vorn, C1 ☒

Im Durchgang zu den heutigen Sophiensälen in der Hausnummer 18 erinnern das denkmalgeschützte Portal und eine Gedenktafel an den einstigen Sitz des Berliner Handwerkervereins. Er hatte sich am 16. April 1844 unter Stadtsyndikus Heinrich Hedemann gegründet und wurde, ohne Konfessionsgrenzen und offen für weibliche Mitglieder, zur wichtigsten Arbeitervereinigung und -bildungsstätte des Vormärz. So waren es Delegierte des Handwerkervereins, die bei der großen Demonstration an der »Einsamen Pappel« (→ S. 8) am 26. März 1848 unter Führung von Ludwig Bisky die Errichtung eines Arbeitsministeriums forderten. Aus ihren Reihen stammte auch

Das Handwerkervereinshaus in der Sophienstraße 15 in der Spandauer Vorstadt, Holzstich von 1865

Stephan Born (→ S. 13), der zu den Begründern der »Arbeiterverbrüderung« (→ S. 12) gehörte.
Ab 1864 hatte der Verein seinen Sitz in einem eigens errichteten, heute nicht mehr existierenden Gebäude in der Sophienstraße 15. Hier beschlossen bereits 1874 die Berliner Sektionen des Allgemeinen Deutschen Arbeitervereins und der Sozialdemokratischen Arbeiterpartei ihre Vereinigung. 1905 wurde das neue Haus in der Nummer 18 eröffnet. Die Sophiensäle, die es schon in der Nummer 15 gegeben hatte, wurden separat verpachtet und für kulturelle Veranstaltungen genutzt. In den Revolutionstagen 1918 tagte hier etwa der Spartakusbund, später auch die Kommunistische Partei Deutschlands (→ S. 67).

10 Ferdinand Lassalle (1825 – 1864)

Bellevuestr. 13, 10785 Berlin-Mitte,
S- und U-Bhf. Potsdamer Platz
Karte vorn, A 2 ☒

In der Bellevuestraße 13, auf dessen Grundstück sich heute die neuen Bauten des Sony-Centers am Potsdamer

Ferdinand Lassalle, 1855

Platz befinden, lebte von 1859 bis 1863 Ferdinand Lassalle. Der wortgewaltige, in Breslau geborene Sohn eines jüdischen Seidenhändlers wurde in der Revolution 1848 als Anhänger von Karl Marx mehrfach angeklagt und zu Gefängnisstrafen verurteilt. Durch die jahrelange Vertretung der Gräfin Hatzfeldt, seiner späteren politischen Weggefährtin, in ihrem Ehescheidungsprozess machte er sich einen weithin beachteten Namen als Anwalt.
In den 1850er Jahren trat der bürgerliche Intellektuelle, seit 1859 ständig in Berlin lebend, als Publizist hervor. Er erkannte, dass das deutsche Bürgertum keine revolutionäre Kraft mehr

Wilhelm Liebknecht (stehend, Mitte) mit Ehefrau Natalie und den fünf Söhnen (links stehend: Karl), um 1892

besaß. Deshalb forderte er, dass die Arbeiter sich selbst befreien, indem sie eine selbständige Partei gründen, das allgemeine Wahlrecht erkämpfen und ihre Forderungen in den gesetzgebenden Institutionen vertreten müssten. Mit Gleichgesinnten gründete Lassalle am 23. Mai 1863 in Leipzig den Allgemeinen Deutschen Arbeiterverein (→ S. 85), die erste deutsche sozialdemokratische Arbeiterpartei. Er starb bereits ein Jahr später in Genf an den Folgen eines Duells und liegt auf dem jüdischen Friedhof in Breslau begraben.

11 Wilhelm Liebknecht (1826–1900)
Kantstr. 160, 10623 Berlin-Charlottenburg, S- und U-Bhf. Zoologischer Garten
Karte S. 134/135, A1 ☒

In dem ehemaligen Wohnhaus in der Kantstraße, auf dessen Gelände sich heute ein Kaufhaus befindet, lebte bis zu seinem Tode im Jahr 1900 Wilhelm Liebknecht. Der radikal-demokratische Revolutionär bürgerlicher Herkunft musste nach dem Scheitern der März-revolution 1848 ins Exil gehen und wurde in London als Anhänger von Karl Marx Mitglied des Bundes der Kommunisten. Nach 13 Exiljahren kehrte er nach Berlin zurück und schloss sich 1863 dem Allgemeinen Deutschen Arbeiterverein (→ S. 85) an. Nach zwei Jahren wegen Differenzen mit dessen Führung ausgeschlossen, ging er nach Leipzig und gründete mit August Bebel (→ S. 24) 1869 in Eisenach die »Sozialdemokratische Arbeiterpartei«. Seit 1874 Mitglied des Deutschen Reichstags und Chefredakteur des *Vorwärts*, dem Zentralorgan der 1875 in Gotha vereinigten »Sozialistischen Arbeiterpartei Deutschlands«, wurde Liebknecht im Kaiserreich noch mehrfach zu Haftstrafen verurteilt wegen seiner republikanisch-demokratischen, internationalistischen und antimilitaristischen Auffassungen. Von ihm stammt die die sozialdemokratische Arbeiterbewegung prägende Losung »Wissen ist Macht – Macht ist Wissen«. Den Trauerzug zu seinem Begräbnis auf dem Zentralfriedhof Friedrichsfelde (→ S. 31) am 12. August 1900 begleiteten annähernd 150 000 Menschen.

Aufstieg im Kaiserreich

(1875 – 1914)

Die sozialdemokratische Arbeiterbewegung

Im Oktober 1878 verabschiedete der mehrheitlich konservative Reichstag das »Gesetz wider die gemeingefährlichen Bestrebungen der Sozialdemokratie«, durch das die Sozialistische Arbeiterpartei Deutschlands (SAPD) und die Gewerkschaften faktisch verboten, Zehntausende von Zeitungen und Druckschriften beschlagnahmt, Tausende von Sozialdemokraten aus ihren Wohnorten ausgewiesen, verhaftet, zu Freiheitsstrafen verurteilt oder ins Exil getrieben wurden. Nur das Wahlrecht konnte den Sozialdemokraten nicht aberkannt werden, so dass eine Beteiligung an den Wahlen zum Reichstag mit Einzelkandidaturen und der Zusammenschluss zu einer Fraktion möglich blieb. Als erfolgreich erwies sich das Sozialistengesetz, das bis 1890 mehrfach verlängert wurde, für ihre Urheber nicht. Die Sozialdemokraten hielten in getarnten Vereinen und Klubs weiterhin untereinander Kontakt und hatten mit dem *Sozialdemokrat* eine Zeitung, die im Ausland produziert wurde. August Bebels Buch *Die Frau und der Sozialismus,* das 1879 erstmals erschien, wurde vielfach überarbeitet und neu aufgelegt. Vor allem: Die Sozialdemokraten nahmen in der Verbotszeit an Wählerstimmen zu; allein in Berlin erhielten sie bereits 1884 in zwei von sechs Wahlkreisen die höchste Stimmenzahl, und der spätere Parteivorsitzende Paul Singer zog in den Reichstag ein. 1890 gab sich die Partei den Namen, den sie noch heute trägt: Sozialdemokratische Partei Deutschlands, SPD. 1891 beschloss sie ein neues, das »Erfurter Programm«, das zwei Teile hatte: Der erste Teil zeigte den Entwicklungsgang zum Sozialismus auf, der zweite nannte die Eckpunkte für die praktische Reformarbeit der Partei. Dieses Programm war innerparteilich nicht unumstritten. Dem rechten Flügel hätte die Reformarbeit genügt, da sie zu einem »Hineinwachsen« in den Sozialismus führen würde; die Vertreter des linken Flügels, vor allem Rosa Luxemburg, forderten den permanenten »revolutionären Hammerschlag«. Unbeschädigt hatten die Sozialdemokraten das Sozialistengesetz nicht überstanden. Sie begriffen fortan den Staat als Werkzeug der Unternehmerwillkür, die Anfänge der staatlichen Sozialpolitik empfanden sie als paternalistisch-autoritär, und sie blieben stigmatisiert als »Reichsfeinde« und »Vaterlandsverräter«. Das alles trug dazu bei, dass sich die SPD nach 1890 erfolgreich darum bemühte, Gegenwelten zu schaffen, vom Konsumverein bis zu Sportvereinen. Bildung behielt ihre Bedeutung durch die Vielzahl der sozialdemokratischen Zeitungen, es gab Bibliotheken, es wurde die »Freie Volksbühne« gegründet, aber auch die alte Versammlungskultur ging nicht verloren. Berlin wurde mehr und mehr zur Hochburg der sozialdemokratischen Arbeiterbewegung. Hier konzentrierten sich die Vorstände der politischen und kulturellen Organisationen, und Berlin wurde, mehr noch als London und Paris, das Zentrum der europäischen Arbeiterbewegung. Für die Bedeutung Berlins sprachen auch die Wahlergebnisse: Bereits 1890 wählte die absolute Mehrheit der Berliner sozialdemokratisch. 1912 gewann die SPD fünf der sechs Wahlkreise; im Reichstag wurde sie mit 34,8 Prozent der Stimmen mit Abstand die stärkste Fraktion. Die Sozialdemokraten konnten nun nicht mehr mit Gewalt ausgeschaltet werden, und so sagten sie voller Stolz: »An unserer Gesetzlichkeit werden unsere Feinde zugrunde gehen.«

Helga Grebing

1 SPD-Parteibüro Katzbachstraße

Katzbachstr. 9, 10965 Berlin-Kreuzberg, S-Bhf. Yorckstraße
Karte vorn, B 4; S. 134/135, D 2

In der ersten Etage des Mietshauses
Katzbachstraße 9 befand sich von
1890 – nach dem Auslaufen des So-
zilistengesetzes – bis Anfang 1900
die Wohnung des Sekretärs der SPD,
Ignaz Auer, die damit zugleich Parteibüro war. Der Parteivorstand konnte
erst ab 1890 seine Arbeit aufnehmen,
die zuvor die Reichstagsfraktion stell-
vertretend wahrnehmen musste.
Auer (1846–1907) gehörte seit 1869
der Sozialdemokratischen Arbeiterpartei an, fiel bald durch sein Organi-
sationstalent auf und wurde faktisch
der erste »Generalsekretär« der Partei.
Dem Parteivorstand gehörten 1890
außer Auer August Bebel (→ S. 24)
und Richard Fischer an, Vorsitzende
waren Paul Singer (→ S. 24) und Alwin
Gerisch. In dieser Zeit wuchs die Zahl
der Mitglieder und der Zuspruch der
Sozialdemokratie bei der Wählerschaft
in beeindruckender Weise, und die SPD
wurde zu einer Massenpartei (19,8 %
bei den Reichstagswahlen 1890, 1898
waren es 27,2 %). In der Katzbachstraße wurde 1898 auch Rosa Luxemburg (→ S. 29) Mitglied der SPD. Im
März 1900 zog Auer und mit ihm das
SPD-Büro in die wenige Meter entfernte
Kreuzbergstraße 30 um.

Ehemaliges Wohnhaus von Ignaz Auer und Parteibüro der SPD in der Katzbachstraße

Titelseite der ersten Nummer der »Berliner Freien Presse«
vom 1. Januar 1876

2 Allgemeine Deutsche Assoziationsbuchdruckerei

Heinrich-Heine-Platz 8, 10179 Berlin-Mitte, U-Bhf. Heinrich-Heine-Straße
Karte vorn, D 2 ☒

Der Zusammenschluss des Allgemeinen Deutschen Arbeitervereins und der Sozialdemokratischen Arbeiterpartei zur Sozialistischen Arbeiterpartei Deutschlands 1875 in Gotha war ein wegweisendes Ereignis in der Geschichte der deutschen Arbeiterbewegung.
Am 1. Januar 1876 erschien die erste gemeinsame Berliner Zeitung der vereinigten Arbeiterparteien, die *Berliner Freie Presse*. Sie wurde von der genossenschaftlich organisierten Allgemeinen Deutschen Assoziationsbuchdruckerei gedruckt, die im dritten Hof eines Industriegebäudes am damaligen Kaiser-Franz-Grenadier-Platz (heute Heinrich-Heine-Platz 8) geeignete Räume mietete.
Nach der Verabschiedung des Sozialistengesetzes 1878 versuchte die Redaktion, die Zeitung weiterzuführen. Sie wurde dennoch im gleichen Jahr verboten, 1884 aber unter dem Namen *Berliner Volksblatt* von Paul Singer (→ S. 24) fortgesetzt. So bekundete auch die in der Assoziationsbuchdruckerei hergestellte Zeitung den Beharrungswillen der Arbeiterbewegung während der Geltung des Sozialistengesetzes im repressiv-autoritären wilhelminischen Staat.
Das Gebäude, in dem die Druckerei untergebracht war, wurde im Zweiten Weltkrieg zerstört, heute stehen hier Neubauten.

Gebäude des ehemaligen »Tivoli«

3 »Tivoli«

Methfesselstr. 28–38, 10965 Berlin-
Kreuzberg, U-Bhf. Platz der Luftbrücke
Karte vorn, B 4; Karte S. 134/135, D 2

Auf der südlichen Seite des Kreuzbergs
entstand um 1820 ein Vergnügungs-
park mit einer Gaststätte und einem
Festsaal. Auf dem Gelände des Parks
errichtete um 1850 die Brauereigesell-
schaft Tivoli ihre Brauerei, die 1891
von der Schultheiss-Brauerei über-
nommen wurde. Im Zweiten Weltkrieg
stark zerstört, wurde in dem Unternehmen nur noch bis 1993 gebraut. Seither entstanden auf dem Gelände mit
dem denkmalgeschützten Ensemble
Schritt für Schritt luxuriöse Eigentums-
wohnungen. Das jüngste dieser Bau-
vorhaben nennt sich in Erinnerung an
alte Zeiten »Tivoli-Karree«.
Im November 1875 hielt im Festsaal
der Brauereigaststätte, dem »Tivoli«,
der sozialdemokratische Reichstagsabgeordnete August Bebel (→ S. 24)
unter großem Andrang seine erste öffentliche Rede in Berlin. Zuvor schon
hatte im Oktober eine große Protestversammlung Berliner Arbeiter gegen
die Einführung einer Petroleumsteuer
und gegen die Erhöhung der Biersteuer
stattgefunden. Der Empfang für Bebel
»war ein großartiger« (Eduard Bernstein). Er sprach zum Thema »Die

Die Rutschbahn des »Tivoli« auf dem
Kreuzberg; Lithografie, um 1832

Rotes Rathaus; Gemälde von Paul Graeb, ca. 1870

Stellung der Kleingewerbetreibenden zum Sozialismus und Liberalismus«. Bebel, im April aus mehrjähriger Haft entlassen, nahm im Herbst 1875 erstmals wieder an den Sitzungen des Reichstages teil. Er machte sich zum Sprecher sozialpolitischer Forderungen seiner Partei und warb dafür in kleinbürgerlichen Schichten der Bevölkerung, die er als Bündnispartner zu gewinnen suchte.

4 Rotes Rathaus
Rathausstr. 15, 10178 Berlin-Mitte,
S- und U-Bhf. Alexanderplatz
Karte vorn, C 1

1869 nach Plänen von Hermann F. Waesemann fertiggestellt, bezieht sich der Name des Gebäudes auf die Fassadengestaltung mit roten Klinkern. Im Bürgersaal des Roten Rathauses fand am 30. Dezember 1889 zum ersten Mal eine Arbeiterversammlung statt. Außer vielen anderen Sozialdemokraten waren auch die neu gewählten Stadtverordneten der SPD anwesend. Zudem nahmen mehrere Frauen teil, unter ihnen die Mitbegründerin der ersten sozialdemokratischen Frauenorganisation, des Berliner Arbeiterfrauen- und Mädchenbundes (→ S. 37), Pauline Staegemann. Sie schilderte auf der Veranstaltung die ärmlichen Verhältnisse der Arbeiterfrauen und ihrer Kinder. Das Hauptreferat befasste sich mit dem »Nutzen und Wert der Volksbäder«. Bedauert wurde in der Diskussion, dass für Kirchen, in die niemand gehe, Millionen ausgegeben würden, für Volksbäder hingegen das Geld fehle.

Im Zweiten Weltkrieg erlitt das Rote Rathaus starke Schäden. Nach der Rekonstruktion war es Tagungsort des Ostberliner Magistrats, seit 1991 ist das Gebäude Sitz des Regierenden Bürgermeisters von Berlin.

Paul Singer, um 1905

5 Paul Singer (1844–1911)
Wiesenstr. 55, 13357 Berlin-Wedding,
S-Bhf. Humboldthain
Karte hinten, Detailkarte 1

In der Wiesenstraße befand und befindet sich die »Wiesenburg« des »Berliner Asylvereins für Obdachlose«, mitbegründet von Paul Singer, der dem Verein immer verbunden blieb. Singer gründete 1869 mit seinem älteren Bruder die Damenmäntelfabrik »Gebrüder Singer«. Im selben Jahr wurde er Mitglied der neu gegründeten Sozialdemokratischen Arbeiterpartei und lernte Wilhelm Liebknecht (→ S. 17) sowie August Bebel (→ S. 24) kennen, mit denen ihn eine lebenslange Freundschaft verband. Er wurde einer der größten Mäzene seiner Partei. Ab 1883 und bis zu seinem Tode war Paul Singer Stadtverordneter in Berlin, ebenso ab 1884 – trotz antisemitischer Angriffe – direkt gewähltes Mitglied des Reichstages. Aus Berlin ausgewiesen, kehrte er erst nach Auslaufen des »Sozialistengesetzes« zurück. 1890 und in den Folgejahren bis zu seinem Lebensende wurde er gemeinsam mit Alwin Gerisch, ab 1892 mit August Bebel zu einem der beiden SPD-Vorsitzenden gewählt. Beigesetzt

wurde Singer, begleitet von Hunderttausenden, auf dem Zentralfriedhof Friedrichsfelde (→ S. 31), wo sein Grabobelisk heute im Rondell der Gedenkstätte der Sozialisten steht. Das Gelände der »Wiesenburg« wird heute in Privatinitiative für soziale Projekte genutzt.

6 August Bebel (1840–1913) und Julie Bebel (1843–1910)
Hauptstr. 97, 10827 Berlin-Schöneberg, S- und U-Bhf. Innsbrucker Platz
Karte S. 134/135, B 3

Zusammen mit seiner Ehefrau Julie wohnte August Bebel in mehreren Wohnungen in Schöneberg, zuletzt seit Anfang 1904 in der Hauptstraße 97. Bebel, Sohn eines Unteroffiziers und einer Dienstmagd, beendete 1857 seine Lehre als Drechsler und schloss sich zunächst einem bürgerlichen Arbeiterbildungsverein in Leipzig an. Zusammen mit Wilhelm Liebknecht gründete er 1866 die Sächsische Volkspartei und 1869 die Sozialdemokratische Arbeiterpartei. Mehrfach zu Gefängnis und Festungshaft verurteilt, wuchs er zur Zeit der Verfolgung während des Sozialistengesetzes zu einem der Führer der sozialdemokratischen Arbeiterbewegung heran. Als einer der beiden Vorsitzenden der SPD und führendes Mitglied der SPD-Reichstagsfraktion prägte er die Geschichte der deutschen Sozialdemokratie wie kein anderer.
Nach der Verhaftung von August Bebel und seiner Ausweisung aus Leipzig 1881 hatte sich seine Frau Julie an der Leitung der Drechslerwerkstatt beteiligt, für die Partei gearbeitet, die Parteigelder verwaltet, zahlreiche Solidaritätsversammlungen mit den Frauen anderer Inhaftierter organisiert und Hilfsmittel für die Familien der in Haft gehaltenen Sozialisten verteilt. August und Julie Bebel wurden in Zürich, wo beider Tochter verheiratet war, beigesetzt.

August Bebel, 1892

Julie Bebel, um 1900

7 1. Mai 1890

Straße zum Müggelturm 1,
12559 Berlin-Köpenick,
Bushaltestelle Rübezahl
Karte hinten, E 4

Anlässlich des ersten internationalen »Kampftages der Arbeiterbewegung« am 1. Mai 1890 hingen in der Kottbusser Straße, an der Ecke zur ehemaligen Britzer Straße (heute Kohlfurter Straße) große rote Fahnen von den Telegrafendrähten herab. Das noch bestehende Sozialistengesetz veranlasste die sozialdemokratische Parteiführung, vor »Arbeitsunruhen« zu warnen und dazu aufzurufen, das zum 1. Mai verhängte Demonstrationsverbot einzuhalten. Viele Arbeiter versammelten sich – wie in der Kottbusser Straße – an diesem Arbeitstag dennoch. Die meisten gingen wortlos durch die Straßen, erst außerhalb der Stadtgrenze wurden sozialistische Lieder angestimmt. Die größte Feier fand am Müggelturm in der Nähe von Friedrichshagen statt, einer Gemeinde am Nordufer des Müggelsees, die erst seit 1920 zu Berlin gehört. 10 000 Menschen zogen im »Maispaziergang« durch den Ort zum Müggelturm, der an diesem Tag eröffnet wurde.

Der 1. Mai als »Kampftag der Arbeiterbewegung« war auf dem Gründungskongress der Zweiten Internationale 1889 in Paris ausgerufen worden. Hauptforderung war die Einführung des Achtstundentags. Die SPD übernahm den Pariser Beschluss auf ihrem Parteitag im Oktober 1890 in Halle. Der Müggelturm, aus Holz erbaut, brannte 1958 vollständig ab. An seiner Stelle erhebt sich heute der 1961 eingeweihte steinerne Neubau.

Der frühere Müggelturm, um 1890

Ehemaliges Wohnhaus von Bruno Wille in der Kastanienallee 9

8 Museum Friedrichshagener Dichterkreis

Scharnweberstr. 59, 12587 Berlin-Köpenick, S-Bhf. Friedrichshagen
Mi – Fr 12 – 18 Uhr, Sa 9.30 – 12 Uhr
Karte hinten, E 4

Friedrichshagen, erst 1920 in Berlin eingemeindet, wurde um 1890 der Aufenthaltsort von Schriftstellern, Dichtern und auch Studenten, die sich teilweise der SPD anschlossen. Als »Die Jungen« bezeichnet – dazu gehörten Bruno Wille, Paul Ernst, Max Schippel, Paul Kampffmeyer –, warfen sie nach dem Ende des Sozialistengesetzes der Parteiführung vor, aus der SPD durch die Beschränkung auf die parlamentarische Reformarbeit eine Kleinbürgervereinigung statt einer revolutionären Bewegung zu machen. Die meisten Opponenten verließen die SPD nach 1891 oder wurden ausgeschlossen. Das Museum Friedrichshagener Dichterkreis erinnert an diese Gruppe; einer von ihr, der Schriftsteller und Journalist Bruno Wille, wohnte in der Nähe des Museums, in der Kastanienallee 9 von 1893 bis 1920. Er war einer der Gründer der Freien Volksbühne (→ S. 77) und Sprecher der Freireligiösen Gemeinde (→ S. 79).

9 »Zur Linde«

Skalitzer Str., Ecke Admiralstr. 38, 10999 Berlin-Kreuzberg, U-Bhf. Kottbusser Tor
Karte vorn, D 3 ⊠

In der Skalitzer Straße befand sich bis 1884 das Restaurant »Zur Linde« mit dem angeschlossenen großen »Gesellschafts-Haus«. Es war ein beliebter Treffpunkt der Arbeiterbewegung, besonders für die vielen in der Gegend um den nahegelegenen Görlitzer Bahnhof wohnenden Arbeiter. Während der Zeit des Sozialistengesetzes nach 1878, als die Arbeiterbewegung diskriminiert und verfolgt wurde, dienten viele der vormals offiziellen Vereinslokale als Rückzugsorte für politische Diskussionen und Versammlungen. Die Zusammenkünfte blieben jedoch nicht unbemerkt. Spitzel und Geheimpolizei trieben ihr Unwesen und beobachteten die Gasthäuser. Als die Politische Polizei das Lokal »Zur Linde« als illegalen Treffpunkt der Sozialdemokratie aufdeckte, musste der Wirt aufgeben, Schankwirtschaft und Anbau wurden abgerissen und das Grundstück neu bebaut. Heute stehen dort Wohnhäuser aus den 1950er Jahren.

Gasthaus »Zur Linde«, vor 1884

10 Volksbibliothek Glogauer Straße

Glogauer Str. 13, 10999 Berlin-Kreuzberg, U-Bhf. Görlitzer Bahnhof
Karte vorn, E 4

1883 wurde die 24. Volksbibliothek der Stadt Berlin eröffnet, die im Jahre 1900 in die Glogauer Straße umsiedelte. Sie erfreute sich zusammen mit der 4. städtischen Lesehalle, die ebenfalls dort einzog, großer Beliebtheit. Mit Bona Peiser (1864–1929), die seit 1895 die erste hauptberufliche Angestellte war, entstand ein neuer Frauenberuf: die Bibliothekarin.

Die Initiatoren derartiger Bibliotheken gingen davon aus, dass sich ein Staat nur dauerhaft entwickeln und mit den wissenschaftlich-technischen Neuerungen Schritt halten kann, wenn er allen Bevölkerungsgruppen, also auch den ärmeren Schichten, gleiche Chancen zu einer umfassenden Bildung bietet. Von Mitgliedern der Arbeiterbewegung wurden die Bibliotheken als eine Möglichkeit der Weiterbildung geschätzt und genutzt.

Heute ist in dem denkmalgeschützten Gebäude immer noch eine öffentliche Bibliothek zu finden.

Ehemalige Volksbibliothek Glogauer Straße

11 Concordia-Festsäle

Andreasstr. 64, 10243 Berlin-Friedrichshain, U-Bhf. Strausberger Platz
Karte vorn, E 2 ✉

Sowohl im Feen-Palast, der sich am Hackeschen Markt befand, als auch in den Concordia-Festsälen gab es wichtige Versammlungen der Arbeiterbewegung. In den Concordia-Sälen eröffnete Paul Singer (→ S. 24) am 14. November 1892 den einzigen SPD-Parteitag, der in Berlin vor dem Ersten Weltkrieg stattfand. August Bebel (→ S. 24) sprach auf dem einwöchigen Parteitag über die »Haltung der Sozialdemokratie zum Antisemitismus«, Ignaz Auer über das Genossenschaftswesen. Außerdem wurde Bebel erstmals zum gleichberechtigten Vorsitzenden der SPD an die Seite von Paul Singer gestellt.

1893 weilte Friedrich Engels einige Tage in Berlin und begeisterte bei einer Rede in den Festsälen 3000 Berliner Arbeiter. Ab 1918 dienten die Concordia-Säle als Kino. Der Saalbau wurde im Zweiten Weltkrieg zerstört.

Gruss aus den Concordia-Festsälen, Berlin O., Andreasstr. 64.
Inh. Carl Anders.   Tel. Amt 7. 1698.

Concordia-Festsäle; Postkarte, undatiert

12 Eduard Bernstein (1850–1932)

Bozener Str. 18, 10825 Berlin-Schöneberg, U-Bhf. Bayerischer Platz
Karte S. 134/135, B 2

Eduard Bernstein schloss sich 1872
der Sozialdemokratischen Arbeiterpartei an und wirkte am Gothaer Programm zur Vereinigung mit dem Allgemeinen Deutschen Arbeiterverein zur
Sozialistischen Arbeiterpartei Deutschlands mit. 1879 ging er in die Schweiz
ins Exil, wo er ab 1881 Redakteur der
Parteizeitung *Der Sozialdemokrat* war,
und 1887 nach London, wo er ab 1891
Korrespondent des *Vorwärts* war. Über
sein 1899 erschienenes Buch *Die Vor-
aussetzungen des Sozialismus und die
Aufgaben der Sozialdemokratie* kam
es zum sogenannten Revisionismus-
streit über den Weg der Sozialdemokratie: Revolution oder möglicherweise
doch das »Hineinwachsen« in den
Sozialismus. Der neben Karl Kautsky
(→ S. 125) bedeutendste Parteitheo-
retiker wohnte nach seiner Rückkehr
nach Berlin 1901 fast ausschließlich
in Schöneberg, ab 1918 bis zu seinem
Tod in der Bozener Straße 18. Zwischen
1902 und 1928 war er wiederholt Mitglied des Reichstages, Stadtverordneter in Schöneberg und entfaltete eine
umfassende publizistische Tätigkeit.
Von 1917 bis 1919 gehörte er der
Unabhängigen Sozialdemokratischen
Partei Deutschlands (→ S. 46) an.
Sein Grab findet sich auf dem Friedhof
Schöneberg.

13 Rosa Luxemburg (1871–1919)

Cranachstr. 58, 12157 Berlin-Friede-
nau, S-Bhf. Friedenau
Karte S. 134/135, B 4

Rosa Luxemburg, um 1910

Rosa Luxemburg kam im Mai 1898 aus
Zürich nach Berlin und engagierte sich
in der deutschen Sozialdemokratie.
Hier wohnte sie zuerst in der Cuxhave-
ner Straße 2, seit 1900 in der Wie-
landstraße 23 und von 1902 bis 1911
in der Cranachstraße 58, unweit von
der Familie Kautsky, mit der sie eng
befreundet war. 1911 bezog sie eine
Wohnung in Berlin-Südende, Lindenstraße 2.
In nur wenigen Jahren wuchs Rosa
Luxemburg zur in West- und Osteuropa
anerkannten Sprecherin eines prole-
tarisch-revolutionären Internationalis-
mus heran. Voraussetzung für den er-
strebten Weg in den Sozialismus war
für sie die Eroberung der politischen
Macht durch das Proletariat auf revo-
lutionärem Wege, vor allem durch immer häufigere Massenstreiks. Terror
und Gewalt lehnte sie ab. Krieg hielt
sie für einen »Rückfall in die Barbarei«,
die Annäherung der sozialdemokratischen Parteien an ihre jeweilige Nation

Eduard Bernstein, um 1903

Ehemaliges Wohnhaus von Rosa Luxemburg in der Cranachstraße

für ein »Unglück für die Menschheit«. Ab 1907 lehrte sie an der zentralen Parteischule der SPD in der Lindenstraße und reiste als Delegierte zu vielen internationalen Konferenzen. Von 1915 bis 1918 war sie wegen ihrer entschiedenen Proteste gegen den Krieg fast ununterbrochen in Haft. Im November 1918 wieder frei und vielfältig publizistisch tätig, gründete sie mit Karl Liebknecht (→ S. 47) zusammen den Spartakusbund und wurde sie zur Jahreswende 1918/19 in die »Parteizentrale« der gegründeten KPD (→ S. 67)

gewählt. Nur zwei Wochen später, am 15. Januar 1919, wurde Rosa Luxemburg von Freikorps-Offizieren und Soldaten brutal ermordet (→ S. 53). Ein symbolisches Grab in der Gedenkstätte der Sozialisten auf dem Zentralfriedhof Friedrichsfelde (→ S. 31) erinnert an sie.

14 »Rote Häuser«

Prinzenallee 46 a, 13359 Berlin-Wedding, U-Bhf. Pankstraße
Karte hinten, Detailkarte 1 ☒

Der als »Mäzen der Arbeiterbewegung« bezeichnete Berliner Sozialdemokrat und Stadtverordnete Hugo Heimann (1859–1951) wurde einer größeren Öffentlichkeit durch sein bildungspolitisches und soziales Engagement bekannt, als er 1899 die erste öffentliche Volksbibliothek und Lesehalle eröffnete. In der Prinzenallee erwarb er ein Baugrundstück, um 1901 dort acht kleine Häuser mit Vorgärten errichten zu lassen, die Wohnungen mit je zwei Zimmern, Küche und Bad enthielten. In Berlin galt wie in ganz Preußen eine Kommunalverfassung, die für die Wahl zur Stadtverordnetenversammlung das passive Wahlrecht an Haus- und Grundbesitz band. Um Sozialdemokraten eine Kandidatur in

Die »Roten Häuser«, 1905

Einweihung des Denkmals von Ludwig Mies van der Rohe für die Opfer der Revolution 1918/19 auf dem Zentralfriedhof Friedrichsfelde, 1926

Wedding zu ermöglichen, übereignete Heimann die Häuser Parteigenossen wie Karl Liebknecht (→ S. 47), Eduard Bernstein (→ S. 29) und Paul Singer (→ S. 24). In den Häusern wohnten jedoch auch Facharbeiter und Handwerker, meist Mitglieder der SPD. Die »Roten Häuser« behielten ihre Funktion bis zum Beginn der Weimarer Republik, wurden im Zweiten Weltkrieg teilweise zerstört und später durch Neubauten ersetzt. Hugo Heimann erhielt 1926 die Ehrenbürgerwürde der Stadt Berlin, die ihm vom NS-Regime aberkannt und 1947 erneut verliehen wurde. Er flüchtete 1939 ins Exil in die USA, wo er 1951 in New York starb.

15 Zentralfriedhof Friedrichsfelde / Gedenkstätte der Sozialisten
Gudrunstr. 20, 10365 Berlin-Lichtenberg, S- und U-Bhf. Lichtenberg
www.sozialistenfriedhof.de
Karte hinten, Detailkarte 2

Der Zentralfriedhof Friedrichsfelde wurde im Mai 1881 für »Bürger aller Konfessionen und sozialen Schichten« eröffnet. Mit der Beisetzung Wilhelm Liebknechts (→ S. 47) im August 1900 wurde eine Tradition in der Arbeiterbewegung begründet: Viele Führer der SPD fanden fortan ihre letzte Ruhestätte in seiner Nähe. Der leichte Anstieg zu den Gräbern der Sozialisten führte zum Spitznamen »Feldherrenhügel«. 1919 wurden auf dem Friedhof die Toten der KPD (→ S. 67) aus den Januarkämpfen bestattet, darunter Karl Liebknecht (→ S. 47) und Rosa Luxemburg (→ S. 29). Das 1926 errichtete Revolutionsdenkmal von Ludwig Mies van der Rohe wurde 1935 von den Nazis abgerissen, die Gräber eingeebnet.

Ende 1945 beschloss der Berliner Magistrat die Wiederherstellung der Grabstätten und des Denkmals. Das wurde in der DDR 1951 mit der »Gedenkstätte der Sozialisten«, aber ohne das Denkmal, verwirklicht. Die danach alljährlichen Januardemonstrationen der SED und seit 1990 der PDS und der Partei Die Linke reduzierten die Wahrnehmung der Gedenkstätte auf die dort auch begrabenen Toten von KPD und SED. In die Rundmauer sind jedoch auch viele Grabsteine von auf dem Friedhof beigesetzten Sozialdemokraten, der »alten Sozialisten«, integriert, wie etwa Hugo Haase (→ S. 47) und Carl Legien, Emma Ihrer (→ S. 35) und Paul Singer (→ S. 24), Adolph Hoffmann (→ S. 80) und Ignaz Auer.

Friedensdemonstration im Treptower Park am 3. September 1911

Im inneren Rondell der Gedenkstätte sind zehn Grabplatten angelegt, darunter die für die Sozialdemokraten Rudolf Breitscheid und Franz Künstler (→ S. 63). Beides sind Symbolgräber, ebenso wie die für Rosa Luxemburg (→ S. 29), Karl Liebknecht (→ S. 47) und Ernst Thälmann. Die anderen fünf Platten sind Gräber von Parteiführern von KPD und SED, darunter Otto Grotewohl (→ S. 108) und Wilhelm Pieck. Auf dem Friedhof gibt es ein Wegeleitsystem und an bisher 16 ausgewählten Orten Informationstafeln. Seit 2006 steht gegenüber der Gedenkstätte der Sozialisten ein Stein, finanziert vom »Förderkreis Erinnerungsstätte der deutschen Arbeiterbewegung Berlin-Friedrichsfelde e. V.«, der »den Opfern des Stalinismus« gewidmet ist.

16 Treptower Park
zwischen Puschkinallee / Alt Treptow und Am Treptower Park, 12435 Berlin-Treptow, S-Bhf. Treptower Park
Karte hinten, Detailkarte 2

Der über 80 Hektar große Treptower Park entstand um 1880 im damaligen Alt-Treptow. Er war und ist ein beliebter Volkspark. Um 1900 war er oft auch Schauplatz großer Demonstrationen der Sozialdemokratie gegen das Dreiklassenwahlrecht.

In großen Massenversammlungen im Treptower Park forderten die Anhänger der Sozialdemokratie in den Jahren 1906 und 1908 die Abschaffung des undemokratischen Wahlrechts und warnten vor einer wachsenden Kriegsgefahr. Im März 1910 rief die SPD zu einem »Wahlrechtsspaziergang« im Treptower Park auf. Die Polizei war zahlreich vertreten. Doch nur wenige Spaziergänger kamen nach Treptow. Heimlich war ein neuer Versammlungsort bekannt gemacht worden. Rund 150 000 Berliner führten am Reichstag (→ S. 52) ihre Protestveranstaltung durch. Die Polizei wartete im Treptower Park vergeblich auf die Demonstranten. Ganz Berlin lachte am folgenden Tag über die Blamage der Polizei. Im Oktober 1912 kam es im Park wieder zu einer Massendemonstration gegen Kriegsgefahr und gegen das Dreiklassenwahlrecht. Es war ein »Zug der Viertelmillion nach Treptow«. Die Polizei war von der großen Zahl völlig überrascht, die Presse sprach von den »roten Herbstmanövern«, die von der SPD-Parteiführung angeordnet worden seien.

Der heute sehr beliebte Freizeitpark wird beherrscht von dem weithin sichtbaren sowjetischen Ehrenmal für die gefallenen Soldaten der Roten Armee, das 1949 eingeweiht wurde.

Die Gewerkschaften

Die ersten Vorläufer gewerkschaftlicher Verbände lassen sich in Deutschland schon vor der Revolution von 1848 finden, Vorkämpfer waren Handwerksgesellen. Zu den ersten 1848 gegründeten Vereinigungen zählten der Zigarrenarbeiter-Verband und der Buchdrucker-Verein. Neben der Bildung von Arbeiterparteien setzte in den 1860er Jahren einen regelrechter »Gründungsboom« von Gewerkschaften ein. Während ein Teil von ihnen in politischer Nähe zu den sich formierenden Arbeiterparteien stand, strebte der andere, liberal orientierte Teil (u. a. die Hirsch-Dunckerschen Gewerkvereine) eine überwiegend kooperative Beziehung zu den Unternehmern an. Nach dem Auslaufen des Sozialistengesetzes 1890 entwickelten sich die sozialdemokratisch orientierten Freien Gewerkschaften zu Massenorganisationen: Waren 1892 etwa 215 000 Mitglieder zu verzeichnen, betrug deren Zahl 1904 bereits mehr als 1,1 und 1913 rund 2,5 Millionen. In den 1890er Jahren bildeten sich vermehrt Christliche Gewerkschaften, die auf der Grundlage sozialer und moralischer Prinzipien Reformen forderten und dabei von einer Verpflichtung zur gegenseitigen Hilfe ausgingen. Die Freien Gewerkschaften dagegen waren in der Programmatik geprägt von dem Bewusstsein, dass Kapital und Arbeit in einem unüberbrückbaren Interessenkonflikt stehen. Sie verstanden sich daher als Gegenmacht zu den Unternehmern und waren bereit, ihre Forderungen durch Verhandlungen und Streiks durchzusetzen.

Die Freien Gewerkschaften wollten vor allem die ökonomischen Forderungen der Arbeiterschaft vertreten, während die SPD die politischen Forderungen der Lohnabhängigen durchsetzen sollte – eine Arbeitsteilung, die nicht unumstritten war. Zu den primären

»Ihr habt die Macht, wenn ihr nur einig seid!«, Postkarte, Ende 19. Jahrhundert

Zielen der Gewerkschaften gehörten die Verbesserungen der Lohn- und Arbeitsbedingungen der Mitglieder und die Durchsetzung ihrer Rechte. Mittel hierfür waren – soweit die Verbände von den Unternehmern als Verhandlungspartner überhaupt anerkannt wurden – die Aushandlung von Kollektivverträgen und gegebenenfalls der Streik. Ferner bildete über Jahrzehnte hinweg die Vermittlung von Arbeitsstellen, der sogenannte Arbeitsnachweis, für Gewerkschaften wie für Arbeitgeber ein Kampfmittel zur Beeinflussung der Lohn- und Arbeitsbedingungen. Die Gewerkschaften wollten damit verhindern, dass Unternehmer gewerkschaftlich oder politisch engagierte Arbeiter über »Schwarze Listen« von den Betrieben fernhielten.

Die Gewerkschaften waren jedoch nicht nur Kampfverband, sondern auch Hilfsverein. In den 1890er Jahren richteten so gut wie alle Freien Gewerkschaften Streik-, Reise-, Kranken-, Sterbe- und »Gemaßregelten«-Kassen ein und bauten ihre Rechtsberatung aus. Weitreichende soziale Reformen konnten erst während der Revolution von 1918/19 und in der Weimarer Republik durchgesetzt werden.

Marion Goers

17 Gewerkschaftshaus »Rote Engelburg«

Engeldamm 62–64, 10179 Berlin-Mitte, U-Bhf. Heinrich-Heine-Straße
Karte vorn, D 3

Am ehemaligen Luisenstädtischen Kanal, ganz in der Nähe des heutigen Engelbeckens, errichteten die Architekten Konrad Reimer und Friedrich Körte zwischen 1897 und 1900 einen der ersten Neubauten eines Gewerkschaftshauses in Deutschland. Von Leo Arons (→ S. 43) maßgeblich gefördert, entstanden in dem weiträumigen Gebäudekomplex unter anderem Büros für die sozialdemokratisch orientierten Freien Gewerkschaften und Versammlungsräume für 1300 Personen. Außerdem wurde eine Leihbibliothek und eine preiswerte Herberge für knapp 200 Personen mit eigenem Restaurant, Lesesaal, Baderäumen und Waschküche eingerichtet. Auch die spätere Gewerkschaftsschule fand hier ihren Sitz.

Schon vor der Fertigstellung war die »Rote Engelburg« eine vielbesuchte Sehenswürdigkeit und entwickelte sich in den nächsten Jahrzehnten zum Zentrum des Berliner Gewerkschaftslebens, bis die SA am 2. Mai 1933 das Gebäude besetzte. Nach der Beschlagnahme des Gewerkschaftsvermögens und der zwangsweisen Überführung ihrer Mitglieder in die Deutsche Arbeitsfront (DAF) nutzte diese nationalsozialistische Organisation das Haus bis Kriegsende.

Ab 1945 diente es als Krankenhaus, heute befindet es sich in Privatbesitz. In der denkmalgeschützten Anlage sind Wohn- und Gewerberäume entstanden.

18 Deutscher Holzarbeiterverband

Am Köllnischen Park 2, 10179 Berlin-Mitte, U-Bhf. Märkisches Museum
Karte vorn, D 2

Das nach Plänen von Paul Imberg und Walter Croner errichtete Haus Am Köllnischen Park war der erste Neubau eines gewerkschaftlichen Zentralverbandes in Deutschland. Der 1893 gegründete Deutsche Holzarbeiterverband verlegte 1908 seinen Sitz nach Berlin und bezog 1913 das repräsentative Geschäftshaus an der Ecke Rungestraße. Markant waren die heute nicht mehr vorhandenen reich verzierten Erker und die mit aufwendigen Holzarbeiten ausgestatteten Treppenhäuser.

In der nach dem Zentralverbandsprinzip organisierten Gewerkschaft waren Arbeiterinnen und Arbeiter des Holz- und Schnitzstoffgewerbes organisiert wie zum Beispiel Tischler, Polierer und Beizer, aber auch Musikinstrumen-

Ehemalige »Rote Engelburg«

Ehemaliges Verbandshaus des Deutschen Holzarbeiterverbandes

ten-, Wagen- und Bootsbauer, Korbmacher, Korkarbeiter und Vergolder, später auch Bildhauer. Im Jahr seiner Gründung hatte der Verband rund 23 700 Mitglieder, 1913 konnte er mehr als 193 000 Mitglieder aufweisen. Vorstandsvorsitzende waren bis 1919 Theodor Leipart (→ S. 86) und bis 1933 Fritz Tarnow.

Das Haus wurde 1933 von den Nazis besetzt, das Eigentum beschlagnahmt und die Verbandsmitglieder in die Deutsche Arbeitsfront zwangsübergeführt, die nun das Gebäude nutzte. Nach dem Ende der NS-Zeit dem ostdeutschen Freien Deutschen Gewerkschaftsbund (FDGB) überlassen, hatten bis 1990 hier unter anderem viele Einzelgewerkschaften der DDR ihren Sitz. Das denkmalgeschützte Gebäude wird heute gewerblich genutzt.

19 Emma Ihrer (1857–1911)

Marthastr. 10, 13156 Berlin-Pankow, Bus-Haltestelle Kuckhoffstraße
Karte hinten, Detailkarte 1

In dem Haus Nummer 10 in der Marthastraße im Ortsteil Niederschönhausen wohnte ab 1902 Emma Ihrer, die von 1890 bis 1892 als erste Frau der Generalkommission der Gewerkschaften Deutschlands angehörte. In Niederschönhausen lebte sie mit ihrem Mann, dem Apotheker Emmanuel

Emma Ihrer, um 1900

Ihrer, und Carl Legien, dem Vorsitzenden der Generalkommission.

Als Emma Ihrer 1881 nach Berlin kam, schloss sie sich der SPD an und arbeitete als Putzmacherin. Sie gehörte 1885 zu den Mitbegründerinnen des Vereins zur Vertretung der Interessen der Arbeiterinnen (→ S. 37), der als Vorläufer einer Frauengewerkschaft bezeichnet werden kann. Er wurde als politisch gefährlich eingestuft und verboten. Emma Ihrer und ihre Mitstreiterinnen verurteilte man zu Gefängnisstrafen. Die von ihr 1890 gegründete Zeitschrift *Die Arbeiterin* ging 1892 in *Die Gleichheit* über, die die Interessen der Arbeiterinnen vertrat und in Stuttgart erschien. Das Grab von Emma Ihrer befindet sich auf dem Zentralfriedhof Friedrichsfelde (→ S. 31).

Frauenemanzipation

Als Berlin zur Reichshauptstadt geworden war, zogen jährlich bis zu 40 000 meist junge Frauen aus den unteren sozialen Schichten in die Stadt, wo sie sich als Dienstmädchen in bürgerlichen Haushalten und als Heimarbeiterinnen verdingten. Weil sie sich regelmäßige Einkommen und mehr persönliche Unabhängigkeit erhofften, wechselten viele später in die expandierenden Industriebetriebe und Manufakturen. Berlin entwickelte sich zu einem der bedeutendsten Produktionszentren für Damenkonfektion in Deutschland. Gleichzeitig verstärkte sich für Frauen die Heimarbeit und die Arbeit in der Wohnung von Zwischenmeistereien, die im Auftrage größerer Firmen tätig waren.

Die neue Freiheit erwies sich als ambivalent. Die Mechanisierung der Produktion führte zum erhöhten Einsatz ungelernter Arbeitskräfte und damit zur noch größeren Ausbeutung der Lohnabhängigen. Frauen verdienten für die gleiche Arbeit 50 bis 60 Prozent des Männerlohnes. Frauen, die sich gegen diese Ungerechtigkeit zur Wehr setzten, hatten es schwer. Darüber hinaus wurden sie oft als »Lohndrückerinnen« diskriminiert, selbst Gewerkschafter forderten die Abschaffung der Frauenfabrikarbeit. Diese dehnte sich nach 1875 langsam auch in anderen Industrien (z. B. Feinmechanik, Elektrotechnik, chemische Industrie) aus. 1896 wurde die Not der Berliner Heimarbeiterinnen von einer breiten Öffentlichkeit wahrgenommen, als 30 000 Konfektionsarbeiterinnen streikten und einige gesetzliche Verbesserungen durchsetzen konnten. Neue Tätigkeitsfelder eröffneten sich für die Frauen nach der Jahrhundertwende in Büros und in Kaufhäusern.

Von einer sozialdemokratischen Frauenbewegung kann in Deutschland erst im Zusammenhang mit der industriellen Entwicklung seit Ende des 19. Jahrhunderts gesprochen werden. Sie organisierte sich in enger Zusammenarbeit mit der Sozialdemokratischen Partei und den Gewerkschaften und unabhängig von den bürgerlichen Frauenverbänden, die selten bereit waren, den Kampf der Arbeiterinnen um soziale und politische Gleichberechtigung für alle Menschen zu unterstützen.

Demonstration zum Frauentag, 1911

Frauen durften sich in Preußen bis 1908, das heißt bis zur Liberalisierung des Vereinsgesetzes, nicht politisch organisieren. Dennoch bildeten sich im letzten Drittel des 19. Jahrhunderts Arbeiterinnenvereine, die allerdings bald verboten wurden. Der 1873 gegründete »Berliner Arbeiterfrauen und Mädchenbund« und der 1885 durch Emma Ihrer in Berlin gegründete »Verein zur Wahrung der Interessen der Arbeiterinnen« stellten die Verbesserung der Arbeitsbedingungen der proletarischen Frauen in den Mittelpunkt. Nachdem die Vereine immer wieder verboten wurden, bildete die sozialdemokratische Frauenbewegung ein Netz politisch agierender Frauen mit Ottilie Baader als zentraler »Vertrauensperson« in Berlin.

Eine wesentliche Stärkung der sozialdemokratischen Frauenbewegung fand ab 1900 statt. Zur zentralen Forderung wurde die Agitation für das Frauenwahlrecht, für das sich besonders Clara Zetkin in der von ihr mitverantworteten Zeitschrift *Die Gleichheit* einsetzte. Ähnliche Forderungen stellte der internationale Frauenkongress 1907 in Stuttgart und die Sozialistische Fraueninternationale, die 1911 den Internationalen Frauentag einführte.

Gisela Notz

Palisadenstraße, in der der Berliner Arbeiterfrauen- und Mädchenbund gegründet wurde; Aufnahme von 1890

20 Berliner Arbeiterfrauen- und Mädchenbund

Freifläche vor Palisadenstr. 30,
10243 Berlin-Friedrichshain,
U-Bhf. Strausberger Platz
Karte vorn, E1 ⊠

In der Wohnung von Bertha Hahn in der ehemaligen Palisadenstraße 27b wurde anlässlich einer »gemütlichen Abendunterhaltung« am 28. Februar 1873 unter anderem von Bertha Hahn und Pauline Staegemann der Berliner Arbeiterfrauen- und Mädchenbund gegründet. 70 Frauen waren zum Gründungstreffen erschienen, später kamen an anderen Orten 400 bis 600 zusammen.
Die Mitglieder des Vereins waren zumeist Frauen sozialdemokratischer Parteimitglieder. Das offizielle Vereinsziel war die »geistige und moralische Bildung der Frauen sowie gegenseitige Unterstützung in Notfällen«. Pauline Staegemann übernahm den Vorsitz. Der Verein wurde von Ottilie Baader (→ S. 38) als erste sozialdemokratisch orientierte Frauenorganisation bezeichnet, weil er sich »auf den Boden der klassenbewussten Sozialdemokratie« stellte. Er organisierte

Arbeiterinnen, kämpfte gegen ausbeuterische Arbeitsbedingungen und forderte die Lohngleichheit der Männer- und Frauenarbeit sowie die völlige Gleichberechtigung der Frauen einschließlich des Wahlrechts.
Bereits ein Jahr nach seiner Gründung wurde der Verein »vorläufig«, 1877 dann endgültig verboten. Das Mietshaus in der Palisadenstraße wurde im Zweiten Weltkrieg zerstört.

21 Verein zur Vertretung der Interessen der Arbeiterinnen

Wrangelstr. 10–11, 10997 Berlin-Kreuzberg, U-Bhf. Görlitzer Bahnhof
Karte vorn, E3 ⊠

Am 15. März 1885 wurde im ehemaligen Urania-Saal in der Luisenstädtischen Wrangelstraße der »Verein zur Vertretung der Interessen der Arbeiterinnen« als frühe Gewerkschaftsorganisation für Frauen gegründet. Pauline Staegemann wurde zur zweiten Vorsitzenden gewählt und Emma Ihrer (→ S. 35) als Schriftführerin – zwei Frauen, die bald an die Spitze der Berliner Arbeiterinnenbewegung treten sollten. Zweck des Vereins war die Wahrung »der geistigen und materiellen Interessen der Arbeiterinnen, insbesondere die Regelung der Lohnverhältnisse« und »die gegenseitige Unterstützung bei Lohnstreitigkeiten«. Mit einem »Aufruf« trat der Zusammenschluss der Frauen für Lohngleichheit der Männer- und Frauenarbeit ein und rief alle Arbeiterinnen auf, sich zu organisieren, weil nur so ihre Lage verbessert werden könne.

Dem sozialdemokratisch orientierten Verein traten bereits bei seiner Gründungsversammlung 350 Mitglieder bei, und bald waren es 1000 Frauen, die dazugehörten. Schon ein Jahr nach seiner Gründung wurde der Verein aus politischen Gründen verboten. Der Gründungsort in der Wrangelstraße existiert nicht mehr, heute ist hier ein Spielplatz und Brachland.

22 Ottilie Baader (1847–1925)

Linienstr. 47, 10119 Berlin-Mitte,
U-Bhf. Rosa-Luxemburg-Platz
Karte vorn, C 1

Ottilie Baader, 1900

1866 gründete die Fabrikantentochter Lina Morgenstern (1830–1909) den Verein der Berliner Volksküchen; die erste öffentliche Küche für Arme wurde im heute noch existierenden Haus Linienstraße 47 eröffnet. Ottilie Baader, damals Heimarbeiterin, wurde Mitglied des Vereins. Ab etwa 1882 in der sozialdemokratischen Arbeiterbe-

wegung mitarbeitend, verließ Baader den morgensternschen Verein, weil seine Mitglieder Sozialdemokratinnen beschimpften. 1894 wurde sie eine der ersten »Vertrauenspersonen« der SPD in Berlin und war in der Partei für die Frauenarbeit zuständig. Die Vertrauenspersonen waren ein Konstrukt, das von den Sozialdemokratinnen erfunden wurde, weil nach dem preußischen Vereinsgesetz bis 1908 politische Zusammenschlüsse von Frauen verfolgt, verboten und aufgelöst wurden. Eine einzelne Person konnte man aber nicht »auflösen«. Bei der ersten SPD-Frauenkonferenz im September 1900 wurde Ottilie Baader zur »Zentralvertrauensperson der Genossinnen Deutschlands« gewählt. In dieser Funktion war sie ab 1904 die erste besoldete Funktionärin der SPD und berief 1907 die erste internationale Konferenz sozialistischer Frauen ein. Als Leiterin des zentralen Frauenbüros beim SPD-Parteivorstand war Baader neben Clara Zetkin (→ S. 38) eine der bedeutendsten sozialdemokratischen Frauenrechtlerinnen.

23 Clara Zetkin (1857–1933)

Summter Str. 4, 16547 Birkenwerder,
S-Bhf. Birkenwerder
Karte hinten, B 1

In der ihr und ihrem Sohn Konstantin gehörenden Villa in Birkenwerder wohnte Clara Zetkin von 1929 bis Anfang 1932, bis sie in die Nähe von Moskau umsiedelte. Sie war die Tochter eines Dorfschullehrers und absolvierte selbst eine Ausbildung zur Volksschullehrerin. 1878 trat sie in Leipzig in die sozialdemokratische Partei ein, ging nach der Ausweisung ihres Lebenspartners (und Vaters ihrer zwei Söhne) Ossip Zetkin 1882 mit ihm nach Paris und nahm seinen Namen an. Nach seinem Tod kehrte sie 1890 nach Deutschland zurück und arbeitete in Stuttgart für den Dietz-Verlag als Übersetzerin und ab 1892 als Chef-

Skulptur von Clara Zetkin und Rosa Luxemburg von Gerhard Thieme im Garten der Gedenkstätte in Birkenwerder

Clara Zetkin und Rosa Luxemburg, 1910

redakteurin der sozialdemokratischen Frauenzeitschrift *Die Gleichheit.* In dieser Zeitschrift kämpfte sie für die Gleichberechtigung der Frauen und vertrat ihre Auffassungen als gefragte Rednerin auch auf internationalen Kongressen. Gemeinsam mit ihrer Vertrauten und Freundin Rosa Luxemburg (→ S. 29) repräsentierte sie die revo-

lutionäre Linke in der deutschen Sozialdemokratie. Seit 1907 leitete sie das Internationale Frauensekretariat. 1917 schloss sie sich der Unabhängigen Sozialdemokratischen Partei Deutschlands (→ S. 46) an; im Frühjahr 1919 trat sie in die KPD (→ S. 67) ein. Von 1920 bis zu ihrem Tode war sie Mitglied des Reichstages und eröffnete, bereits schwerkrank, als Alterspräsidentin im August 1932 das neugewählte Parlament. Sie starb wenige Monate später in der Sowjetunion; ihre Urne ist an der Kremlmauer in Moskau beigesetzt. Ihr ehemaliges Wohnhaus in Birkenwerder ist heute eine Gedenkstätte.

24 Mathilde Wurm (1874–1935)

Gormannstr. 13, 10119 Berlin-Mitte, U-Bhf. Weinmeisterstraße
Karte vorn, C 1

Der Berliner »Zentralverein für Arbeitsnachweis« errichtete 1902 in der Gormannstraße eine Arbeitsvermittlung mit großzügig angelegten Warteräumen,

Mathilde Wurm, um 1930

Sie engagierte sich vor allem für die Rechte der Frauen. Vor den Nazis geflüchtet, nahm sie sich 1935 im Londoner Exil das Leben.

Das Gebäude in der Gormannstraße wurde in den 1960er Jahren umgebaut zur Sporthalle.

25 Arbeiterinnenheim
Paul-Lincke-Ufer 33, 10999 Berlin-Kreuzberg, U-Bhf. Schönleinstraße
Karte vorn, E 3
....

einer Schusterei und Schneiderei. In dem 1876 von Carl Koeppen entworfenen Gebäude bot der Verein – neben der Stellenvermittlung – in seinen Werkstätten selbst einfache Arbeiten an und führte auch die Berliner Arbeitsnachweisstatistik.

Mathilde Wurm war in den Jahren 1903 und 1904 Leiterin der »weiblichen Abteilung«. Zuvor hatte sie bereits seit 1896 in der sozialen Fürsorge in Berlin gearbeitet. Unter anderem gehen eine Berufsberatungsstelle und die erste Lehrstellenvermittlung für Frauen auf ihre Initiative zurück. Bis 1920 war sie Stadtverordnete für die Unabhängige Sozialdemokratische Partei Deutschlands (→ S. 46) und anschließend bis 1933 Reichstagsabgeordnete, ab 1922 wieder als Mitglied der SPD.

Im Hinterhof des Gebäudes am ehemaligen Kottbusser Ufer eröffnete 1906 der »Verein der Mädchen- und Frauengruppen für soziale Hilfsarbeit« unter dem Vorsitz von Alice Salomon ein Arbeiterinnenheim. Zunächst hatten die engagierte Bürgerstochter und ihre Mitstreiterinnen gesellige Abende, Ausflüge und andere Freizeitaktivitäten für mittellose Arbeiterinnen organisiert. Sie mussten jedoch bald feststellen, dass diese oft nicht einmal einen eigenen Schlafplatz hatten und sich das Bett mit anderen Arbeiterinnen teilen mussten. Der Verein richteten Schlafheime für die Frauen ein; das erste am Kottbusser Ufer. Hier konnten sich die Frauen nach der Arbeit waschen, in einer Küche Essen zubereiten und in Ein- bis Dreibettzimmern günstig wohnen. Zudem gab es Wohnzimmer, Baderäume und Krankenzimmer. Heute ist das Quergebäude in mehrere kleine Wohnungen aufgeteilt.

Eröffnungsfeier im Arbeiterinnenheim, April 1906

Politischer Antisemitismus

In der Geschichte der deutschen Sozialdemokratie im Kaiserreich und auch in der Weimarer Republik spielten Juden bzw. Menschen jüdischer Herkunft eine prominente Rolle. Man denke nur an Karl Marx und Ferdinand Lassalle, Eduard Bernstein und Rosa Luxemburg, Paul Singer und Hugo Haase, Ludwig Frank und Kurt Eisner, Friedrich Stampfer und Albert Grzesinski, Ernst Heilmann und Rudolf Hilferding.

Dass allen Menschen, unabhängig von ihrer Religion, ihrer Herkunft oder ihren politischen Überzeugungen, die gleichen Rechte zustehen und dass diese Rechte gegen alle Einschränkungen und Gefährdungen verteidigt werden müssen, gehörte von Anfang an zu den Grundüberzeugungen der sozialdemokratischen Arbeiterbewegung. Das schloss allerdings nicht aus, dass es unter Sozialdemokraten ebenso wie unter Liberalen, die die Emanzipation der Juden politisch durchgesetzt hatten, soziale Vorurteile gegenüber Juden gab. Ein negativ-stereotypes Judenbild war in der deutschen Volkskultur tief verankert, und es war nicht zu erwarten, dass alle Sozialdemokraten plötzlich frei von solchen Vorstellungen sein würden.

Doch darf man solche Vorurteile, wie drastisch sie im Einzelfall auch formuliert sein mochten, nicht mit einem politisch programmatischen Antisemitismus verwechseln, der die Stellung der Juden in der Gesellschaft negativ verändern und ihre Emanzipation rückgängig machen wollte. Die Entstehung des politischen Antisemitismus in Deutschland fiel in die Zeit der Sozialistenverfolgung. Die Sozialdemokraten verurteilten deshalb zwar die antisemitische Agitation, sahen aber in der Bekämpfung des Antisemitismus keine vorrangige Aufgabe, zumal einige glaubten, dass die Antisemiten die Staatsgewalt schwächen und damit ungewollt der Sozialdemokratie nutzen würden.

Eine eindeutige Klärung erfolgte Anfang der 1890er Jahre, gleich nach dem Auslaufen des Sozialistengesetzes. 1892 verabschiedete der SPD-Parteitag in Berlin eine eindeutig gegen den Antisemitismus gerichtete Resolution, und auf dem Kölner Parteitag 1893 hielt August Bebel eine grundlegende Rede über »Sozialdemokratie und Antisemitismus«, die den Abschluss der innerparteilichen Debatten bedeutete. Antisemitismus und Sozialdemokratie, das war von nun an klar, waren unvereinbar. Das wurde auch im politischen Alltag praktiziert. Allein für die Zeit zwischen 1890 und 1900 sind rund 400 Veranstaltungen dokumentiert, in denen man gegen Antisemiten ausdrücklich Stellung bezog.

Aber die sozialistische Arbeiterbewegung tat noch sehr viel mehr. Während es unter den Reichstagsabgeordneten der bürgerlichen Parteien vor 1914 praktisch keine Juden mehr gab, waren von den 417 Mitgliedern der SPD-Fraktion zwischen 1881 und 1914 nicht weniger als 43 jüdisch (der Religion oder Herkunft nach), das heißt mehr als zehn Prozent. Mit Paul Singer und später Hugo Haase (beide gehörten der jüdischen Religionsgemeinschaft an) waren sie darüber hinaus – neben August Bebel und dann Friedrich Ebert – sogar als Vorsitzende der Partei und der Reichstagsfraktion weithin sichtbar.

Diese Politik fand eine konsequente Fortsetzung in der Gründungsphase der Weimarer Republik. Jüdische Sozialdemokraten übernahmen führende Positionen in der Reichsregierung und vielen Landesregierungen, und noch 1932 gehörten von den 14 jüdischen Reichstagsabgeordneten zwölf der SPD-Fraktion an. Das war eine ganz ungewöhnliche, bis heute kaum gewürdigte Integrationsleistung.

Reinhard Rürup

26 Reichshallen-Theater

Leipziger Str. 56–57, 10117 Berlin-
Mitte, U-Bhf. Spittelmarkt
Karte vorn, C2 ⊠

Das Reichshallen-Theater am damaligen Dönhoffplatz an der Leipziger
Straße war ein von dem Architekten
Eberhard Tietz entworfenes und um
1874 fertiggestelltes Varieté und
Sprechtheater mit mehr als 1000 Plätzen. Es wurde im Zweiten Weltkrieg
zerstört.

Am 11. Januar 1881 fand im Reichshallen-Theater unter großem Andrang
eine Arbeiterversammlung zu dem
Thema »Die Stellung der Arbeiter zur
Judenfrage« statt. Sie war »unverkenn-
bar eine Manifestation sozialdemokratischer Gesinnung« (Eduard Bernstein)
gegen den vor allem in Berlin wachsenden »Radauantisemitismus«, mit
ersten Pogromen zur Jahreswende
1880/81 in der Berliner Friedrichstadt.
Die sozialdemokratischen Arbeiter,
die selbst unter dem Sozialistengesetz
litten, wandten sich in einer mit großer Mehrheit verabschiedeten Resolution »gegen eine Schmälerung der den
Juden verfassungsmäßig garantierten
staatsbürgerlichen Gleichstellung«.
Die Versammlung war ein großer Erfolg, die deutlich machte, dass die
antisemitische Bewegung in den deutschen Ländern nicht auf die Unterstützung der Arbeiter zählen konnte.
Weitere geplante Kundgebungen wurden von der preußischen Polizei unter
Berufung auf das Sozialistengesetz
verboten.

27 Leo Arons (1860–1919)
Humboldt-Universität, Unter den
Linden 6, 10117 Berlin-Mitte,
S- und U-Bhf. Friedrichstraße
Karte vorn, C 1

Leo Arons entstammte einer jüdischen
Bankiersfamilie. Er studierte Natur-
wissenschaften und wurde 1890 in
Berlin habilitiert. Als Privatdozent hielt
er Vorlesungen in theoretischer Physik.
Er schloss sich den Bodenreformern an,
forderte die Verstaatlichung von Grund
und Boden und versuchte die SPD
für diese Idee zu begeistern. Im Jahre
1891 wurde er Mitglied der Sozialdemokratischen Partei. Sozialdemokraten war jedoch der Weg in den Staats-
dienst verschlossen. Die »Lex Arons«
von 1898 machte noch einmal klar,

Leo Arons, 1894

mit welchen Folgen ein Bekenntnis zur
Sozialdemokratie verbunden war. Das
Gesetz zielte einzig gegen den Privatdozenten Arons: Das preußische
Staatsministerium untersagte ihm die
Lehrtätigkeit an der Berliner Friedrich-
Wilhelms-Universität (heute Humboldt-Universität), da Arons Mitglied
der SPD sei und diese Partei »den
Umsturz der gegenwärtigen Staats-
und Rechtsordnung« anstrebe. Die
Förderung dieser Bestrebungen sei
unvereinbar mit der Stellung eines
akademischen Lehrers. Erst im Januar
1919 rehabilitierte das neue preußische Kultusministerium den engagierten Sozialdemokraten Arons, die Berliner Universität führte ihn nun wieder
als Privatdozenten. Nur wenige Monate
später, am 10. Oktober 1919, starb
Leo Arons. Er wurde im Hof des von
ihm geförderten Gewerkschaftshauses
(→ S. 34) am ehemaligen Engelufer
bestattet. Das Grab wurde 1933 von
den Nazis zerstört; über den Verbleib
der Urne ist nichts bekannt.

Dönhoffplatz mit dem
»Reichshallen-Theater Stettiner Sänger«
im Hintergrund, 1910

Krieg und Revolution

(1914 – 1919)

Die Spaltung der Arbeiterbewegung

Am 4. August 1914 stimmte die SPD-Reichstagsfraktion der Bewilligung der Kriegskredite zu. Sie wolle »in der Stunde der Gefahr das eigene Vaterland nicht im Stich« lassen. Die SPD im Reich war zu einer »Burgfriedenspolitik« gegenüber dem kaiserlichen Deutschland bereit und erhoffte sich dadurch die Anerkennung in Staat und Gesellschaft. Zugleich ging sie davon aus, dass der Staat nun auch innere Reformen zugestehen müsse: soziale Reformen und eine Demokratisierung des Staates, vor allem aber die Aufhebung des Dreiklassenwahlrechts in Preußen.

Schon bald wurde erster Widerspruch gegen die »Burgfriedenspolitik« laut: Karl Liebknecht hatte als Reichstagsabgeordneter der SPD im Dezember 1914 gegen eine Verlängerung der Kriegskredite gestimmt. Die Reichstagsfraktion nannte dies Disziplinbruch und verurteilte das Verhalten Liebknechts. Eine Minderheit der SPD-Abgeordneten widersprach. Bald ging durch alle sozialdemokratischen Fraktionen im Reichstag und in den Länderparlamenten ein Riss. Die oppositionellen Sozialdemokraten warfen der Mehrheit vor, sie unterstützten einen Eroberungskrieg. Die Mehrheit der Abgeordneten wies die Kritik zurück und verurteilte Mitte 1915 besonders die von den führenden oppositionellen Sozialdemokraten Eduard Bernstein, Karl Kautsky und Hugo Haase verfasste programmatische Schrift *Das Gebot der Stunde*.

Anfang 1916 war die Spaltung der Partei nicht mehr aufzuhalten. Im Januar 1916 löste Friedrich Ebert im Reichstag Hugo Haase als Fraktionsvorsitzenden ab. Im Parlament traten die oppositionellen Sozialdemokraten nun zunächst als Mitglieder der »Sozialdemokratischen Arbeitsgemeinschaft« auf. Der Ton zwischen den verfeindeten Brüdern wurde rauer. Der Fraktionsspaltung folgte 1917 die Gründung einer oppositionellen Sozialdemokratie: der Unabhängigen Sozialdemokratischen Partei Deutschlands (USPD).

Die Spaltung der Arbeiterbewegung war auch in den Gewerkschaften erkennbar. In den Betrieben, vor allem in der Rüstungsindustrie, übernahmen radikale Gewerkschafter die Führung in den Protesten und Streiks gegen die Fortdauer des Krieges und gegen die wachsende soziale Not. Als Revolutionäre Obleute waren sie Sprecher einer parteipolitisch unabhängigen Opposition in den Betrieben gegen die von den Gewerkschaften praktizierte »Burgfriedenspolitik« gegenüber Unternehmern und Regierung. Unter ihrer Führung entstanden 1917 die ersten Arbeiterräte in Berlin.

Ab Mitte 1917 setzte sich schließlich auch in der Mehrheitssozialdemokratie (MSPD) der Wunsch nach Frieden durch. Sie forderte nun auch einen »Frieden ohne Annexionen und Kontributionen«. Darüber hinaus wuchs in der MSPD die Erbitterung über die Verweigerung von sozialen und politischen Reformen im Innern. Daran änderte sich auch nichts, als erste Ansätze einer »Parlamentarisierung« des Regierungshandelns erkennbar wurden. Die Sozialdemokratie war dennoch am Ende des Krieges durch die Spaltung der Partei geschwächt, was sich für die Zeit danach als gewichtige Bürde erweisen sollte. Der politische Einfluss der SPD war in den folgenden Jahren nicht so groß, wie sie es noch 1918/19 erhofft hatte. Das demokratische Fundament der Weimarer Republik war nicht zuletzt aus diesem Grunde von Anfang an wenig stabil.

Siegfried Heimann

Revolutionäre Matrosen und Soldaten am Brandenburger Tor, 9. November 1918

1 Unabhängige Sozialdemokratische Partei Deutschlands

Schicklerstr. 5 – 7, 10179 Berlin-Mitte,
S- und U-Bhf. Jannowitzbrücke
Karte vorn, D 2

In der Schicklerstraße im Bezirk Mitte war von 1917 bis 1920 der Sitz des Verbandes der Wahlvereine für Berlin und Umgebung der Unabhängigen Sozialdemokratischen Partei Deutschlands (USPD). Von 1931 bis 1933 war in dem Haus die Marxistische Arbeiterschule (MASCH) der KPD (→ S. 67) untergebracht. Das Gebäude wird heute gewerblich genutzt.

Die USPD war während des Ersten Weltkrieges entstanden. Eine größer werdende Minderheit der SPD kritisierte die »Burgfriedenspolitik« der Partei. Sie lehnte einen Eroberungskrieg ab und trat für einen Verständigungsfrieden ein. Im April 1917 gründeten die Oppositionellen während einer Tagung in Gotha die USPD und wählten einen Parteivorstand mit Hugo Haase (→ S. 47) an der Spitze.

Als entschiedene Oppositionspartei fand die USPD nach 1916 vor allem in Berlin immer mehr Unterstützung. Während der Revolution 1918/19 erhielt sie weiteren Zulauf. Bei den ersten Wahlen zum Reichstag 1920 überflügelte sie in Berlin mit über 42 Prozent die SPD (17,5 %) beträchtlich. Der Erfolg hielt nicht an. Der Krieg war zu Ende, und damit war einer der Gründe für die Trennung von der SPD entfallen. Ein Teil der Mitglieder der USPD versuchte die deutsche Revolution »weiterzutreiben« und schloss sich 1920 der kleinen KPD an, ein anderer Teil vereinigte sich 1922 wieder mit der SPD. Die Rest-USPD um Georg Ledebour und Theodor Liebknecht hatte kaum Mitglieder und blieb bei Wahlen ohne Erfolg. Sie löste sich nach 1930 auf.

Schickler-Haus

2 Hugo Haase (1963–1919)

Gegenüber Karl-Liebknecht-Str. 5,
10178 Berlin-Mitte, S- und U-Bhf.
Alexanderplatz

Karte vorn, C1 ☒

Hugo Haase, um 1905

In der ehemaligen Kaiser-Wilhelm-Straße 3, gegenüber der heutigen Karl-Liebknecht-Straße 5, wohnte von 1912 bis 1917 der Sozialdemokrat Hugo Haase. 1888 eröffnete der in Allenstein geborene Sohn eines jüdischen Kleinhändlers, seit einem Jahr Mitglied der Sozialdemokratie, eine Anwaltskanzlei in Königsberg. Er war damals der einzige sozialdemokratische Anwalt in Ostpreußen und verteidigte Arbeiter, Bauern und sozialdemokratische Funktionäre. Ab 1897 gehörte er dem Reichstag an und zog 1911 nach Berlin, da er nach dem Tod von Paul Singer (→ S. 24) zum Vorsitzenden der SPD neben August Bebel (→ S. 24) und zwei Jahre später neben Friedrich Ebert (→ S. 59) gewählt wurde. Er setzte sich für internationale Regelungen zur Vermeidung von Kriegen ein und organisierte Friedenskundgebungen. Im Ersten Weltkrieg kam es zum Bruch mit Ebert und seinen Anhängern, und Haase gehörte 1916/17 zu den Gründern der Unabhängigen Sozialdemokratischen Partei Deutschlands (USPD) (→ S. 46), deren Vorsitz er übernahm. In der Revolutionszeit 1918 wurde er Mitglied des Rates der Volksbeauftragten. Er versuchte vergeblich, zwischen Linken und Rechten in der Sozialdemokratie zu vermitteln, um die Einheit der Partei wieder herzustellen. Im Oktober 1919 wurde er durch das Attentat eines Geistesgestörten schwer verletzt und starb vier Wochen später. Sein Grab befindet sich auf dem Zentralfriedhof Friedrichsfelde (→ S. 31). Sein ehemaliges Wohnhaus wurde im Zweiten Weltkrieg zerstört.

3 Karl Liebknecht (1871–1919)

Potsdamer Platz 10, 10117 Berlin,
S- und U-Bhf. Potsdamer Platz

Karte vorn, B2

Am Rande des Potsdamer Platzes befindet sich ein Gedenkstein, der von der SED 1951 als Sockel eines geplanten Denkmals für Karl Liebknecht gedacht war. Seine Vollendung scheiterte an der exponierten Lage unmittelbar an der Sektorengrenze, an der später der Mauerbau erfolgte. 1990 wurde der Sockel abgeräumt und eingelagert, aber 2002 wieder aufgestellt.
Der promovierte Rechtsanwalt Karl Liebknecht war der Sohn des Mitbegründers der Sozialdemokratie Wilhelm Liebknecht (→ S. 17). Ab 1900 Mitglied der SPD, gehörte er ab 1908 dem preußischen Abgeordnetenhaus und ab 1912 dem Reichstag an. Im Dezember 1914 stimmte er als einziger Sozialdemokrat im Reichstag gegen die Kriegskredite und wurde so zu einem der bekanntesten Sprecher gegen den Krieg. Am 1. Mai 1916 protestierte er auf dem Potsdamer Platz während einer Kundgebung erneut gegen den Krieg. Er konnte nur »Nieder mit dem Krieg! Nieder mit der Regierung!« rufen, dann wurde er verhaftet und wegen Hochverrats zu über vier Jahren Zuchthaus verurteilt. Daraufhin kam es im Juni 1916 zum ersten politischen Massenstreik während des Krieges: 55 000 Rüstungsarbeiter streikten, und 25 000 Menschen protestierten auf dem Potsdamer Platz gegen das

Karl Liebknecht (Mitte) bei einer Kundgebung im Tiergarten, 6. Dezember 1918

Urteil. Wenig später wurde auch Rosa Luxemburg (→ S. 29) in »Schutzhaft« genommen. Beide waren führende Mitglieder der Spartakusgruppe, die die radikale Linke zu einen versuchte. Aus der Spartakusgruppe wurde der Spartakusbund.
Luxemburg und Liebknecht kamen erst kurz vor der Revolution 1918 frei und gründeten zusammen mit einigen Gesinnungsgenossen zur Jahreswende 1918/19 die KPD (→ S. 67). Sie wurden wenig später, am 15. Januar 1919, von rechtsextremistischer Soldateska ermordet (→ S. 53).

Sockel aus dem Jahr 1951 für ein Karl-Liebknecht-Denkmal

4 Revolutionäre Obleute der Deutschen Waffen- und Munitionswerke

Eichborndamm 105 – 177,
13403 Berlin-Reinickendorf,
S-Bhf. Eichborndamm
Karte hinten, B 2

Die Deutschen Waffen- und Munitionsfabriken AG (DWM) entstanden 1894 aus der Fusion zweier Waffenfabriken in Karlsruhe und in Berlin. Die Werke in Berlin standen in den Ortsteilen Moabit und am Eichborndamm in Wittenau. Der ab 1906 erbaute weiträumige Industriekomplex am Eichborndamm ist heute ein Büro- und Gewerbepark, in den denkmalgeschützten Gebäuden befindet sich unter anderem das Landesarchiv Berlin. Während der großen Streiks im Jahre 1917 gegen die Fortsetzung des Krieges entstanden in Leipzig und in Berlin die ersten Arbeiterräte. Sie wurden in den Betrieben von den Revolutionären Obleuten organisiert, die unabhängig von den Gewerkschaften agierten. Meist waren sie Metallarbeiter. Am 18. April 1917 wählten die streikenden Arbeiter der DWM in zwei Werken einen dreiköpfigen Arbeiterrat. Er sollte, unterstützt von drei Abgeordneten der Unabhängigen Sozialdemokratischen

Gebäude der ehemaligen Deutschen
Waffen- und Munitionswerke

Partei Deutschlands (USPD) (→ S. 46),
dem Reichskanzler die Forderungen
der Arbeiter vortragen. Nur einen Tag
später wurde der Arbeiterrat verhaftet
und an die Front geschickt.

Im Januar 1918 streikten erneut
400 000 Berliner Rüstungsarbeiter. Sie
wählten einen Arbeiterrat mit einem Ak-
tionsausschuss als Streikleitung. Er
hatte je drei Mitglieder von USPD und
Mehrheitssozialdemokraten an seiner
Seite. Verhandlungen mit der Regierung
blieben erfolglos. Der Streik musste
Anfang Februar 1918 abgebrochen
werden.

Die Wortführer der Streikbewegung wie
Richard Müller und Rätetheoretiker wie
Ernst Däumig machten sich für eine
demokratische Rätebewegung stark,
konnten sich aber während der Revolution von 1918/19 gegen die Mehrheit der Arbeiter- und Soldatenräte, die
einen parlamentarischen Weg gehen
wollten, nicht durchsetzen.

5 Arbeiterrat der Knorr-Bremsen

Neue Bahnhofstr. 9 – 17, 10245 Berlin-
Friedrichshain, S-Bhf. Ostkreuz
Karte hinten, Detailkarte 2

Die von dem Ingenieur Georg Knorr
1905 gegründete Knorr-Bremsen GmbH
(ab 1911 AG) hatte in der Neuen Bahnhofstraße ihr Stammhaus. Die dort
hergestellten Druckluftbremsen waren
kriegswichtig.

Die Arbeiter im Werk – Frauen, Männer
und Jugendliche – nahmen schon im
April 1917 aktiv an den Massenstreiks
gegen eine Fortsetzung des Krieges
und gegen die wachsende soziale Not
teil und bildeten am 19. April einen
der ersten Arbeiterräte in Berlin. Auch
im Januar 1918 waren die Arbeiter
der Knorr-Bremsen AG wieder führend
an dem Massenstreik der Berliner
Rüstungsarbeiter beteiligt. Das Werk
wurde wie auch die Deutschen Waf-
fen- und Munitionswerke in Moabit
und in Wittenau (→ S. 48), die Argus
Motorengesellschaft in Reinickendorf,
die Daimler Mercedes Motorengesellschaft in Marienfelde und einige weitere Rüstungsbetriebe unter Militär-
verwaltung gestellt und der Arbeiterrat
gezwungen, den Abbruch des Streiks
zu beschließen.

Der Rätegedanke fand dennoch im
Jahre 1918 immer größere Verbrei-

Stammhaus der Knorr-Bremsen, undatiert

tung. Massenaktionen, die auf einen revolutionären Umsturz abzielten, konnte man sich jetzt nicht mehr ohne Arbeiter- und Soldatenräte vorstellen. Der Gebäudetrakt in der Neuen Bahnhofstraße steht unter Denkmalschutz und wird heute für Büro- und Gewerbezwecke genutzt.

6 Revolutionäre Obleute der AEG
Brunnenstr. 111, 13355 Berlin-Wedding, U-Bhf. Voltastraße
Karte hinten, Detailkarte 1

Die klassenbewussten Facharbeiter weltberühmter Großbetriebe zählten in Berlin zu den aktiven Trägern der Revolution 1918/19, vor allem die der Weddinger Allgemeinen Elektricitäts-Gesellschaft (AEG) und der nahegelegenen Schwartzkopff-Werke. Bereits am Tag des Urteils gegen Karl Liebknecht, der am 1. Mai 1916 gegen den Krieg protestiert hatte, standen im Juni 1916 die Maschinen zum Teil still. Als Reaktion auf Kürzungen der wöchentlichen Brotrationen kam es 1917 erneut zu Arbeitsniederlegungen. Am 9. November 1918 leiteten Arbeiter der AEG und von Schwartzkopff das revolutionäre Geschehen in Berlin mit ein. Sie zogen zur »Maikäfer-Kaserne«, benannt nach dem Spitznamen des dort kasernierten Regiments, in der Chausseestraße, um Soldaten zur Solidarisierung zu bewegen. Als die Wachen sich weigerten, die Tore zu öffnen, und drei Arbeiter erschossen, solidarisierten sich die meisten Soldaten mit den Arbeitern. Auch in den folgenden Monaten beteiligten sich Arbeiter der Weddinger Betriebe an politischen Auseinandersetzungen und verfassten Resolutionen für die Einigung der ideologisch und organisatorisch gespaltenen Arbeiterbewegung. Der Wedding blieb ein Arbeiterbezirk, in dem die SPD, die Unabhängige Sozialdemokratische Partei Deutschlands (→ S. 46), später auch die KPD (→ S. 67) bei allen Wahlen jeweils die meisten Stimmen erhielten.

Die mehrere Straßenzüge umfassenden AEG-Werke wurden in den 1980er Jahren geschlossen, die denkmalgeschützten Gebäude werden heute von unterschiedlichen Einrichtungen und Firmen genutzt.

AEG-Werke Brunnenstraße; Postkarte, 1915

Die Revolution von 1918/19

Die Revolution im November 1918 kam für alle Beteiligten unerwartet. Sie war ungeplant und entstand aus Kriegsmüdigkeit, Erschöpfung und dem überraschenden Eingeständnis der Niederlage durch die militärische Führung. Es war ein Aufstand der Soldaten, allen voran der Matrosen, und der Arbeitermassen, unter denen viele Frauen und Jugendliche waren, die den seit mehr als vier Jahren andauernden Krieg, die »Urkatastrophe des 20. Jahrhunderts« (George F. Kennan), beenden wollten. Die Entscheidung fiel am 9. November in Berlin mit der Abdankung des Kaisers und der Ausrufung der Republik. Binnen weniger Tage brach das monarchische System im Reich und in den Einzelstaaten widerstandslos zusammen. Träger der politischen Gewalt waren die spontan entstandenen Arbeiter- und Soldatenräte, die trotz ihrer aus der russischen Revolution von 1917 übernommenen Organisationsform mit nur wenigen Ausnahmen sozialdemokratisch orientiert waren.

Von Sozialdemokraten geführt wurden auch die Revolutionsregierungen. Allerdings war die sozialdemokratische Partei im Krieg auseinandergebrochen. Während die »Unabhängigen Sozialdemokraten« nun davon überzeugt waren, dass man die Revolution weitertreiben müsse, wenn man deren anfängliche Errungenschaften sichern wolle, ging es den »Mehrheitssozialdemokraten« vor allem darum, nicht nur den Krieg zu beenden, sondern auch die Einheit des Reiches zu sichern und das im Gefolge von Niederlage und Revolution befürchtete »Chaos« zu vermeiden. Dazu wurden Kompromisse mit der Heeresführung, dem Behördenapparat und auch den Unternehmern geschlossen, Vertreter bürgerlicher Parteien an der Regierungsarbeit beteiligt.

Aus den unterschiedlichen Zielen und Strategien resultierten Konflikte, die in der zweiten Dezemberhälfte in Berlin zum Austritt der »Unabhängigen« aus den Regierungen für das Reich und für Preußen, zum Jahreswechsel 1918/19 auch zur Gründung der KPD führten. Mit dem »Januaraufstand« kam es in Berlin zu bürgerkriegsähnlichen Kämpfen, die sich in den folgenden Monaten auch in anderen Teilen des Reiches fortsetzten und die endgültige Spaltung der deutschen Arbeiterbewegung zur

Demonstration Unter den Linden, 1918

Folge hatten. Die am 19. Januar 1919 gewählte Nationalversammlung tagte wegen der Unruhen auch nicht in der Hauptstadt, sondern in Weimar.

Zu den wichtigsten Erfolgen der Revolution gehören die Überwindung der Monarchie, die Verabschiedung einer parlamentarisch-demokratischen Verfassung, die Durchsetzung des allgemeinen gleichen Wahlrechts – auch für Frauen –, die Einführung des Achtstundentages, die Stärkung der Gewerkschaften und der Ausbau des Sozialstaates. Ungeklärt blieben jedoch allzu viele Machtfragen: Die Reichswehr konnte sich zu einem »Staat im Staate« entwickeln, die Verwaltung, die Justiz, die Kirchen und große Teile des Universitäts- und Schulwesens verharrten in vordemokratischen, obrigkeitsstaatlichen Vorstellungen und Strukturen. Die Weimarer Republik war vielen Belastungen und Krisen ausgesetzt, für die sie nicht verantwortlich war. Dass sie schon nach wenigen Jahren an ihr Ende kam, hatte eine Hauptursache darin, dass die Verfassungswirklichkeit nicht der Verfassungsnorm entsprach.

Reinhard Rürup

Philipp Scheidemann (mit erhobenem Arm) auf einem Balkon des Reichstagsgebäudes, möglicherweise nachgestellte Aufnahme der Ausrufung der Republik am 9. November 1918 aus den 1920er Jahren

7 Reichstagsgebäude

Platz der Republik 1, 10557 Berlin-Mitte, U-Bhf. Bundestag

Karte vorn, B 1

Das von Paul Wallot erbaute Gebäude war von 1894 bis 1933 Sitz des Deutschen Reichstags. Durch den »Reichstagsbrand« im Februar 1933 teilzerstört, wurde es durch Bomben und Artilleriebeschuss im Krieg zur Ruine. Von 1960 bis 1972 vorläufig wiederhergestellt, ist es in der von Norman Foster geschaffenen Form seit 1999 Sitz des Deutschen Bundestags. Am 9. November 1918 proklamierte der Sozialdemokrat Philipp Scheidemann von dem im ersten Hauptgeschoss, links vom Haupteingang gelegenen Balkon des Lesesaals aus die »deutsche Republik«. Das deutsche Volk habe gesiegt und das »alte Morsche ist zusammengebrochen, der Militarismus ist erledigt«. Am selben Tag rief Karl Liebknecht (→ S. 47) am Berliner Schloss die »sozialistische Republik« aus. Die historische Tat Scheidemanns wurde durch ihn später insofern verfälscht, als er 1928 einen vom Original stark abweichenden Text seiner Rede veröffentlichte, diesen auf einen Tonträger sprach und sich an einem Fenster des Reichstags als Redner fotografieren ließ. In seiner »nachempfundenen« Rede hob Scheidemann die aktive Rolle der SPD in der Revolution in einer Weise hervor, die dem tatsächlichen Geschehen nicht gerecht wurde. Der Originaltext der Rede ist seit längerem bekannt, doch sind die nichtauthentischen Text-, Ton- und Bilddokumente auch heute noch im Umlauf.

8 Neuer Marstall
Schlossplatz 7, 10178 Berlin-Mitte, U-Bhf. Klosterstraße
Karte vorn, C 2

. . . .

Seitlich gegenüber dem Berliner Schloss wurde zwischen 1898 und 1906 nach Plänen von Ernst von Ihne im neubarocken Repräsentationsstil der Neue Marstall gebaut. Darin waren 300 Pferde und die Kutschen des kaiserlich-königlichen Hofes untergebracht. Ab 1920 beherbergte der Marstall die Berliner Stadtbibliothek. Heute werden die Räume von der »Hochschule für Musik Hanns Eisler« genutzt. Das Gebäude steht unter Denkmalschutz.
Während der Revolution von 1918/19 besetzten in Berlin anwesende Matrosen das Berliner Schloss und den Neuen Marstall. Sie wollten als »Volksmarinedivision« die Revolution schützen. Am 24. Dezember 1918 versuchten konterrevolutionäre Truppen sie aus Schloss und Marstall zu vertreiben. Der Angriff wurde abgeschlagen. 11 Matrosen und 56 weitere Soldaten starben. Am folgenden Tage protestierten Demonstranten gegen die »Blutweihnacht«. Am 29. Dezember 1918 wurden die gefallenen Matrosen auf dem Friedhof der Märzgefallenen (→ S. 9), der die Toten der Revolution von 1848 ehrt, in Friedrichshain beigesetzt. An der Außenmauer des Marstalls erinnern seit 1988 zwei Reliefs des Bildhauers Gerhard Rommel an die revolutionären Ereignisse im Jahre 1918.

9 Mord an Rosa Luxemburg und Karl Liebknecht
Katharina-Heinroth-Ufer 3, 10787 Berlin-Tiergarten, S- und U-Bhf. Zoologischer Garten, Neuer See im Tiergarten, Großer Weg, S-Bhf. Tiergarten
Karte S. 134/135, B1

. . . .

Am heutigen Katharina-Heinroth-Ufer, nahe der Lichtensteinbrücke, wurde der Leichnam von Rosa Luxemburg (→ S. 29) in den Landwehrkanal geworfen. An dieser Stelle erinnert seit 1987 ein ins Wasser reichender Schrift-

Demonstranten am Neuen Marstall, Dezember 1918

zug mit ihrem Namen an die Vorgänge vom 15. Januar 1919. Am Neuen See am Großen Weg im Tiergarten – etwa 300 Meter entfernt – erinnert eine Stele an Karl Liebknecht (→ S. 47). Nach dem Scheitern des Januaraufstandes waren beide in ein Versteck in Berlin-Wilmersdorf geflohen. Dort fanden sie Angehörige der Garde-Kavallerie-Schützendivision und nahmen sie gefangen. Im Hotel »Eden«, einst am heutigen Olof-Palme-Platz gelegen, wurden sie während des Verhörs schwer misshandelt. Der Kommandant Waldemar Pabst gab anschließend den Tötungsbefehl. Um den politischen Mord als spontanes Attentat zu tarnen, wurde Rosa Luxemburg beim Abtransport aus dem Hotel mit einem Gewehrkolben bewusstlos geschlagen, dann in einem Auto in den nahegelegenen Tiergarten gefahren und im Fahrzeug durch einen Schläfenschuss ermordet. Karl Liebknecht wurde am Neuen See hinterrücks erschossen. Beide wurden auf dem Zentralfriedhof Friedrichsfelde (→ S. 31) beigesetzt. 1933 zerstörten die Nazis ihre Grabstätten und ebneten sie ein; nach dem Ende der NS-Diktatur wurden hier für sie symbolische Gräber in der Gedenkstätte der Sozialisten angelegt.

Beerdigung der Opfer der Januarkämpfe auf dem Zentralfriedhof Friedrichsfelde am 25. Januar 1919; links in der Mitte die Särge für Karl Liebknecht und Rosa Luxemburg

Denkmal für Rosa Luxemburg am Landwehrkanal

Weimarer Republik

(1919 – 1933)

Die SPD als Klassen- und Verfassungspartei

Die Republik stand durch bürgerkriegsähnliche Auseinandersetzungen bis 1920 auf unsicheren Füßen. Erst die Niederschlagung des Kapp-Putsches im März desselben Jahres stabilisierte sie. Nachdem der größere Teil der Unabhängigen Sozialdemokratischen Partei Deutschlands (USPD) sich 1920 der Kommunistischen Partei Deutschlands (KPD) angeschlossen hatte, kam es 1922 zur Vereinigung der USPD-Minderheit mit der Mehrheitssozialdemokratie. Die SPD kennzeichnete von nun an eine Doppelfunktion: Als republikanische Verfassungspartei beteiligte sie sich im Reich und in den Ländern an der Regierung durch Koalitionen mit verfassungstreuen Parteien der Mitte; in Preußen stellte sie ab Ende 1921 mit Otto Braun fast ohne Unterbrechung den Ministerpräsidenten, so dass Preußen als demokratisches Bollwerk der Republik galt. Zugleich verstand sich die SPD als proletarische Klassenpartei und damit als »geborene« Oppositionspartei, die das Ziel hatte, auf dem Boden der Republik für die Verwirklichung des Sozialismus zu kämpfen, wie es in ihrem Heidelberger Programm von 1925 zum Ausdruck kam.

Zu beiden Orientierungen passte der soziale und kulturelle Ausbau der Kommunen, in Berlin und in vielen anderen Großstädten, aber auch in kleineren Ortschaften. Die Sozialdemokraten sprachen vom »Kommunalsozialismus« und verstanden darunter den Bau von modernen Wohnungen in Arbeitervierteln, von Schulen, Kinder- und Erholungsheimen, Badeanstalten, Sporthallen. Die Vorfeldorganisationen wurden ausgebaut; neue Vereine entstanden, wie zum Beispiel der Arbeiter-Radio-Verein. Die Arbeiterwohlfahrt und die »Kinderfreunde«-Organisation rundeten das Bild ab. Die sozialdemokratisch

orientierten Gewerkschaften hatten zwar durch die mehrfachen ökonomischen Krisen bedingt einen schwankenden Mitgliederbestand. Dennoch gelang es ihnen gemeinsam mit den christlichen Gewerkschaften und dem Reichsarbeitsminister, einem katholischen Geistlichen, viele Verbesserungen der sozialen Lage der Arbeitnehmer durchzusetzen, zuletzt 1927 die gesetzliche Arbeitslosenversicherung. So entstanden selbst in den schwierigen Zeiten der Weimarer Republik die Grundzüge des modernen Sozialstaates.

In Berlin war die SPD eine schlagkräftige Partei. Sie zählte noch 1931, auf dem Gipfel der durch die Weltwirtschaftskrise hervorgerufenen Massenarbeitslosigkeit, 80 000 Mitglieder. Stark war die SPD im Norden und Osten der Stadt (Wedding, Friedrichshain, Prenzlauer Berg) und in Neukölln. Besonders die modernen Reformsiedlungen in Neukölln und in Wedding galten als Hochburgen der SPD, die zunehmend auch reichsweit eine Partei der Facharbeiter geworden war. Die Arbeitslosen und ungelernten Arbeiter wählten die KPD, die im Juli 1932 in Berlin mit 33,4 Prozent (gegenüber der SPD mit 27,9 %) die stärkste Partei geworden war (NSDAP 24,6 %). Damals befand sich die SPD nicht nur in Berlin, sondern in der ganzen Republik in einem »Zweifrontenkrieg«, der sie fast zermürbte: gegen die NSDAP und ihre reaktionären Verbündeten auf der einen Seite und gegen die KPD, welche die SPD als »Sozialfaschisten« zu ihrem Hauptfeind erklärte, auf der anderen. Die SPD war schließlich die einzige republikanische Verfassungspartei und stand ohne Mitstreiter da, als Reichskanzler Franz von Papen die preußische Regierung am 20. Juli 1932 widerrechtlich absetzte. Dies

Verfassungsfeier im Plenarsaal des Reichstages, August 1925

FESTER KURS FÜR DIE REPUBLIK!

SPD

Wählt Otto Braun

Wahlplakat der SPD zur Reichspräsidentenwahl 1925 nach dem Tod von Friedrich Ebert

war wahrscheinlich der letzte Augenblick, um mit einem Generalstreik – notfalls begleitet von einem bewaffneten Aufstand – die Ernennung Hitlers zum Reichskanzler zu verhindern. Aber die sozialdemokratische Arbeiterbewegung war durch die hohe Arbeitslosigkeit, die mangelhafte Ausrüstung für einen Widerstand und ihre politische Spaltung geschwächt. Auch wollten sich weder die Führung noch die Mitglieder von ihren politischen Feinden die Mittel des Kampfes aufzwingen lassen. Die kampflose Hinnahme der Zerstörung der Republik machte so manches SPD-Mitglied mutlos.

Dennoch zeigte die SPD in Berlin noch zweimal ihren Freiheitswillen: Nach der Ernennung Adolf Hitlers zum Reichskanzler am 30. Januar 1933 veranstalteten die SPD und ihr nahestehende Organisationen im Lustgarten eine große Demonstration, an der 200 000 Menschen teilnahmen. Am 23. März 1933 votierte die SPD-Reichstagsfraktion in der Kroll-Oper in namentlicher Abstimmung unter massiver persönlicher Bedrohung gegen das Ermächtigungsgesetz, das die verfassungsmäßige demokratische Ordnung außer Kraft setzte. Die preußische SPD-Landtagsfraktion tat es ihnen wenig später gleich. Sie wussten, dass sie das Gesetz nicht verhindern konnten, wollten aber ein Zeichen des Widerstands setzen.

Helga Grebing

1 SPD-Parteivorstand

Mehringplatz, 10969 Berlin-Kreuzberg,
U-Bhf. Hallesches Tor
Karte vorn, C 3 ⌧

In der ehemaligen Lindenstraße 3 war
von 1914 bis 1933 der Sitz des Parteivorstandes der Sozialdemokratischen
Partei (SPD). In dem weitläufigen Komplex »Lindenhof« waren auch die Parteischule, Redaktion und Verlag der
parteieigenen Tageszeitung *Vorwärts*
und zahlreiche parteieigene Betriebe
untergebracht. Vermietungen sorgten
für Einkünfte der Partei. Nachdem
zuvor die SPD ab 1890 wechselnde
Adressen hatte – so befand sich das
SPD-Parteibüro (→ S. 20) zum Beispiel in der Katzbachstraße 9 und in
der Kreuzbergstraße 30 –, konnte die
Partei 1905 nach erfolgreichen Spen-
denaufrufen das Geld für ein neues
Gebäude in der Lindenstraße 69 (Druckerei) aufbringen. Ab 1906 begann
der zweite Neubau einer »Parteizentrale« in der Lindenstraße 3, der bis
1925 immer weiter ausgebaut wurde,
bis er über 27 000 Quadratmeter umfasste.
Im Jahre 1933 besetzten SA und Polizei das Gebäude und verwüsteten es.
Wenig später erfolgte die Enteignung.
Im Zweiten Weltkrieg stark zerstört,
wurde der Komplex 1962 abgerissen,
der Straßenverlauf der Lindenstraße
im südlichen Abschnitt völlig verän-
dert und das Gelände überbaut. 1999
wurde in unmittelbarer Nähe des alten
Standortes das Willy-Brandt-Haus
(→ S. 130) Sitz des nach Berlin zu-
rückgekehrten SPD-Parteivorstandes.

2 Friedrich Ebert (1871–1925)

Defreggerstr. 20, 12435 Berlin-Treptow,
S-Bhf. Treptower Park
Karte hinten, Detailkarte 2

Nahe dem Treptower Park (→ S. 32),
in der Defreggerstraße, wohnte von
1912 bis 1919 Friedrich Ebert. Der
gewerkschaftlich organisierte Heidelberger Sattlergeselle trat 1889 in die
sozialdemokratische Partei ein. In Bremen begann er 1893 als politischer
Lokalredakteur, eröffnete eine Gast-
wirtschaft als Zentrum für politisch
interessierte Arbeiter und wirkte bis
1905 als Arbeitersekretär. 1905 holte
ihn August Bebel (→ S. 24) als SPD-
Vorstandssekretär nach Berlin. Als
demokratischer Sozialist mit einem
ausgeprägten Sinn für pragmatische
Lösungen begann er nun eine politische Karriere, die ihn über die SPD
hinaus bekannt werden ließ. Nach
Bebels Tod 1913 wurde er Parteivor-

Belle-Alliance-Platz (heute Mehringplatz), 1935; rechts die Lindenstraße mit altem
Straßenverlauf, am rechten Bildrand die Parteizentrale der SPD

Friedrich Ebert, um 1920

3 Hermann Müller (1876–1931)

Wenckebachstr. 3, 12099 Berlin-Tempelhof, U-Bhf. Kaiserin-Augusta-Straße
Karte S. 134/135, D 4

In dem Mietshaus in der Wenckebachstraße 3 wohnte von 1913 bis 1929 Hermann Müller, letzter vom Reichstag demokratisch legitimierter Kanzler der Weimarer Republik. Bereits mit 17 Jahren schloss sich der gewerkschaftlich engagierte Handlungsgehilfe der Sozialdemokratie in Görlitz an, wo er später als Stadtverordneter erste parlamentarische Erfahrungen sammelte. Ab 1906 war er Mitglied des Parteivorstandes und von 1919 bis 1928 einer der Vorsitzenden der SPD. Schon während des Ersten Weltkrieges Abgeordneter des Reichstages und 1919/20 Mitglied der Nationalversammlung, wurde er 1919 erster sozialdemokratischer Außenminister. In dieser Eigenschaft unterschrieb er den Friedensvertrag von Versailles. Nach dem Kapp-Putsch 1920 wurde er für einige Monate Reichskanzler. Zwischen 1920 und 1928 stand er der SPD-Fraktion im Reichstag vor und wurde 1928 erneut Reichskanzler, nun einer Großen Koalition, die die Stabilität der Republik befestigen sollte und nach nicht einmal zwei Jahren scheiterte. Hermann Müller wurde auf dem Zentralfriedhof Friedrichsfelde (→ S. 31) beigesetzt.

sitzender (zusammen mit Hugo Haase; → S. 47), führendes Mitglied der SPD-Reichstagsfraktion und wurde schließlich am 9. November 1918 zum letzten Reichskanzler der Monarchie bestellt. In der Revolution 1918/19 war er Vorsitzender des Rates der Volksbeauftragten, der revolutionären Interimsregierung. Er lenkte, nicht immer in Übereinstimmung mit den grundsätzlichen Zielen der Sozialdemokratie, die revolutionären Potentiale in die Richtung einer verfassungsmäßig legitimierten parlamentarischen Demokratie. Nach Annahme der republikanischen Reichsverfassung wurde Ebert im Februar 1919 zum ersten Reichspräsidenten gewählt. Seine Grabstätte befindet sich in Heidelberg.

Das Kabinett Müller, Juni 1928; mit Reichskanzler Hermann Müller (sitzend, 2. v. l.)

Preußischer Landtag

4 a Preußischer Landtag

Niederkirchnerstr. 5, 10117 Berlin-
Mitte, S- und U-Bhf. Potsdamer Platz
www.parlament-berlin.de
Karte vorn, B 2

Das im Jahre 1898 nach Plänen von
Friedrich Schulze fertiggestellte preußische »Haus der Abgeordneten« bildete mit dem erst 1904 vollendeten
Bauwerk für das preußische »Herren-
haus« (heute Sitz des Bundesrates)
eine architektonische Einheit: den
Preußischen Landtag. Es war nach
1918 als Ort der Debatten über ein
demokratisches Preußen ein »Bollwerk
der Demokratie«.
Während der Revolution von 1918/19
trat hier der Reichsrätekongress zusammen, der den Beschluss zur Wahl
einer deutschen Nationalversammlung
fasste. Zur Jahreswende wurde im Festsaal des Hauses die KPD (→ S. 67)
gegründet. Von 1919 bis 1921 war das
Gebäude Sitz der Preußischen Landesversammlung und danach bis 1933
des Preußischen Landtags. Stärkste
Fraktion war bis 1932 stets die SPD
mit Ernst Heilmann (→ S. 61) als
Fraktionsvorsitzendem.
Während der NS-Diktatur beherbergte
das Gebäude kurzzeitig den berüchtig-
ten Volksgerichtshof und später das
»Haus der Flieger«. Im Zweiten Weltkrieg schwer zerstört, diente es nach

1949 für wenige Jahre als Amtssitz
des Ministerpräsidenten der DDR
Otto Grotewohl (→ S. 108). Das
denkmalgeschützte Gebäude ist seit
1993 Sitz des Berliner Abgeordnetenhauses.

4 b Ernst Heilmann (1881–1940)

Abgeordnetenhaus von Berlin, Nie-
derkirchnerstr. 5, 10117 Berlin-Mitte,
S- und U-Bhf. Potsdamer Platz
Karte vorn, B 2

Der Preußische Landtag (→ S. 61)
in der Prinz-Albrecht-Straße (heute
Niederkirchnerstraße), in dem seit
1993 das Berliner Abgeordnetenhaus
tagt, war während der Weimarer Republik die Hauptwirkungsstätte des

Ernst Heilmann, 1928

sozialdemokratischen Politikers Ernst Heilmann. Der Sohn eines jüdischen Geschäftsmannes, in Berlin geboren, schloss sich bereits als Gymnasiast der SPD an. Nach seinem Studium der Rechtswissenschaft blieb ihm als Sozialdemokrat der juristische Vorbereitungsdienst verwehrt. 1903 begann Heilmann als Journalist zu arbeiten. Von 1921 bis 1933 stand er an der Spitze der sozialdemokratischen Landtagsfraktion, wo er sich bald einen Namen als scharfzüngiger Debattenredner machte. Heilmann half durch seine mutige Verteidigung der Weimarer Republik mit, die Grundlagen für eine funktionierende parlamentarische Demokratie zu schaffen. Er hatte sich vor allem den Kampf gegen rechts auf seine Fahne geschrieben. Eine antisemitische Hasskampagne war die Folge. 1928 wurde er Mitglied des Reichstages.

Nach seiner Verhaftung im Juni 1933 begann für Heilmann ein Leidensweg durch die Konzentrationslager des »Dritten Reichs«. Am 3. April 1940 wurde er im Konzentrationslager Buchenwald ermordet. Sein Grab auf dem Friedhof Stahnsdorf bei Berlin ist heute ein Berliner Ehrengrab. Seit 1995 trägt ein Sitzungssaal des Berliner Abgeordnetenhauses den Namen von Ernst Heilmann.

Otto Braun (l.) und Rudolf Breitscheid bei einer Kundgebung, April 1932

5 Otto Braun (1872 – 1955)

Wilhelmstr. 52 – 54, 10117 Berlin-Mitte, U-Bhf. Mohrenstraße
Karte vorn, B 2

Das Palais des Grafen Stolberg in der Wilhelmstraße 63 (heute Nr. 52/53), um 1900 abgerissen und neu errichtet, beherbergte von 1920 bis 1933 das Staatsministerium des republikanischen Preußens. Im Zweiten Weltkrieg stark zerstört, wurde es 1951 abgerissen. In dem heute hier stehenden Neubau ist eine Grundschule untergebracht. Das 1898/99 fertiggestellte Gebäude für das »Geheime Zivilkabinett« des Kaisers in der Wilhelmstraße 64 (heute Nr. 54) wurde nach 1918 auch von der preußischen Staatsregierung genutzt, nicht zuletzt für den Amtssitz des Preußischen Ministerpräsidenten Otto Braun. Das Haus steht heute unter Denkmalschutz und ist Berliner Dienstsitz des Bundesministeriums für Verbraucherschutz, Ernährung und Landwirtschaft.

Der Sozialdemokrat Otto Braun war im Preußischen Staatsministerium die einflussreichste politische Persönlichkeit. Er hatte das Amt des Ministerpräsidenten, von zwei kurzen Unterbrechungen abgesehen, von 1920 bis 1932/33 inne. Seine Persönlichkeit zeichnete sich durch Besonnenheit und Pragmatismus aus. Sein politisches Wirken half mit, aus Preußen ein »Bollwerk der Demokratie« zu machen. Nach dem »Preußen-Schlag«, der Absetzung der legalen preußischen Regierung durch die Reichsregierung im Juli 1932, resignierte er. 1933 entging er der drohenden Verhaftung durch seine Flucht in die Schweiz. Er kehrte nach dem Ende der NS-Diktatur nur besuchsweise nach Deutschland zurück.

6 Franz Künstler (1888–1942)

Elsenstr. 52, 12059 Berlin-Neukölln,
Bus-Haltestelle Elsenstraße

Karte vorn, F 4

In dem Mietshaus in der Elsenstraße 52 wohnte bis zu seinem Tod Franz Künstler. Er war vor 1933 der letzte Vorsitzende der SPD Groß-Berlins, die am Ende der Weimarer Republik noch mehr als 80 000 Mitglieder hatte. Künstler war von Beruf Metallarbeiter und schon vor dem Ersten Weltkrieg in der Jugend- und Gewerkschaftsarbeit aktiv. Im Krieg schloss sich der überzeugte Antimilitarist der Unabhängigen Sozialdemokratischen Partei Deutschlands (USPD; → S. 46) an und kämpfte für den Sturz der Monarchie. In der Weimarer Republik wirkte er als Reichstagsabgeordneter, und nach der Vereinigung von USPD-Minderheit und SPD gelangte er an die Spitze der Berliner Partei. Als Leitungsmitglied der Republikschutztruppe »Reichsbanner Schwarz-Rot-Gold« kämpfte er für den Erhalt der Demokratie.

Nach 1933 längere Zeit im Konzentrationslager und danach bespitzelt und verhört, hielt er die Gesinnungstreuen durch informelle Begegnungen wie die Sängerfeste in der »Neuen Welt« (→ S. 98) zusammen. Als er 1942 an den Folgen der Haftqualen und faktischer Zwangsarbeit verstarb, erwiesen ihm auf dem Friedhof Baumschulenweg (→ S. 99) etwa 1500 Menschen im »stummen Protest« die letzte Ehre. Sein Ehrengrab ist noch immer dort, auf dem Zentralfriedhof Friedrichsfelde (→ S. 31) befindet sich eine symbolische Grabplatte.

Franz Künstler bei einem Treffen der Sozialistischen Arbeiterjugend in Wedding, 1927

Das erste Anti-Kriegsmuseum in der Parochialstraße, 1929

7 Anti-Kriegsmuseum

Brüsseler Str. 21, 13353 Berlin-Wedding, U-Bhf. Amrumer Straße
Mo–So 16–20 Uhr
www.anti-kriegs-museum.de
Karte hinten, Detailkarte 1

1925, ein Jahr nachdem er seine Schrift *Krieg dem Kriege* publiziert hatte, eröffnete Ernst Friedrich das Anti-Kriegsmuseum in der Parochialstraße im Bezirk Mitte – »fünf Minuten vom Polizeipräsidium« entfernt, wie er selbst schelmisch bemerkte. Es war weltweit das erste Museum seiner Art. Der Anarchosyndikalist Friedrich stand nicht in der Tradition der Sozialdemokratie, die in ihrem Programm für eine Milizarmee

Anstecker der »Internationale der Kriegsdienstgegner«

eintrat und 1914 mehrheitlich die Kriegskredite bewilligt hatte. Die Brutalität des Ersten Weltkrieges ließ Friedrich nach 1918 zu einem radikalen Pazifisten werden.

Das Anti-Kriegsmuseum fiel gleich nach der Machtübertragung an die Nazis 1933 dem Zerstörungswillen der SA zum Opfer, die dessen Gründer verhaftete und in den Räumen des Museums ein Sturmlokal einrichtete.

Das heutige Museum, das seit 1984 in Wedding angesiedelt ist, wird von Friedrichs Enkel geleitet. Am ursprünglichen Standort, an dem heute das Neue Stadthaus (→ S. 111) steht, erinnert eine Gedenktafel an das Geschehen von 1933.

8 Sozialistische Arbeiterpartei Deutschlands (SAP)

Magazinstr. 15–16, 10179 Berlin-Mitte, U-Bhf. Schillingstraße
Karte vorn, D 1

Unter den linkssozialistischen Organisationen in der Weimarer Republik war die 1931 gegründete Sozialistische Arbeiterpartei Deutschlands (SAP) die größte. Sie zählte etwa 25 000 Mitglieder, war bei Wahlen jedoch nicht erfolgreich. Neben Breslau bildete Berlin mit mehr als 1000 Anhängern eine ihrer regionalen Hochburgen. Partei und Redaktion der *Sozialistischen Arbeiter-Zeitung* hatten ihren Sitz in einem heute denkmalgeschützten Geschäftshaus in der Magazinstraße. Erfolgreich war die SAP vor allem bei sozialistischen Jugendlichen. Zahlreiche Mitglieder der sozialdemokratischen Sozialistischen Arbeiterjugend (SAJ) in Berlin wechselten 1931/32 zur neuen Partei. Die SAP war klassenkämpferisch orientiert und lehnte die »Tolerierungspolitik« der SPD gegenüber dem Präsidialkabinett Brüning ab. Das später bekannteste Mitglied der SAP war Willy Brandt (→ S. 124),

Hofansicht des Gebäudes, in dem die Sozialistische Arbeiterpartei Anfang der 1930er Jahre ihren Sitz hatte

der wie viele seiner Parteigenossen wieder den Weg in die SPD fand und als Regierender Bürgermeister Berlin prägte wie kaum ein anderer Politiker. Viele ehemalige SAP-Mitglieder, die sich 1946 der SED anschlossen, wurden in der stalinistischen Partei politisch kaltgestellt.

Karikatur zur Situation zwischen SPD und KPD in der SAP-Zeitung »Kampfsignal«, Februar 1933

9 Fritz Sternberg (1895–1963)
Zolastr. 1a, 10178 Berlin-Mitte,
U-Bhf. Rosa-Luxemburg-Platz
Karte vorn, D 1

Fritz Sternberg, um 1941

In Breslau als Sohn eines jüdischen Rechtsanwalts geboren, engagierte sich Fritz Sternberg zunächst in der sozialistisch-zionistischen Jugend- und Arbeiterbewegung. Er studierte in Breslau und Berlin und promovierte im Fach Nationalökonomie. Ab 1923 befasste er sich mit der Fortführung der theoretischen Grundlagen von Karl Marx und Rosa Luxemburg (→ S. 29) und veröffentlichte 1926 ein viel diskutiertes Buch über den Imperialismus. Er lebte nun in Berlin, ab etwa 1929 in einem Mietshaus in der Koblanckstraße 1 (heute Zolastraße 1a), und reiste zweimal in die Sowjetunion, deren Entwicklung er kritisch kommentierte. Bislang parteipolitisch unabhängig, trat er 1931 in die linkssozialistische Sozialistische Arbeiterpartei Deutschlands (SAP; → S. 65) ein, die vergeblich eine Brücke zwischen SPD und KPD (→ S. 67) zu schlagen suchte. In der SAP gestaltete er deren Programm mit und war als Publizist und Redner einer der schärfsten Gegner der NSDAP. Anfang März 1933 musste er aus Deutschland fliehen, über Prag, Basel und Paris gelangte er 1939 in die USA. Nach 1945 trat er, inzwischen US-amerikanischer Staatsbürger, vor allem in der Bundesrepublik und in Österreich als Buchautor und als Berater von Politikern (u. a. Willy Brandt; → S. 124) für ein Marx-kritisches, die »Dritte Welt« einbeziehendes Verständnis des demokratischen Sozialismus ein. Fritz Sternberg wurde auf dem Nordfriedhof in München beigesetzt.

10 Mary Saran (1897–1976)
Adolfstr. 19, 13347 Berlin-Wedding,
U-Bhf. Nauener Platz
Karte hinten, Detailkarte 1

Mary Saran zog 1928 mit ihrer Tochter in eine Wohngemeinschaft des Internationalen Sozialistischen Kampfbun-

Willi Eichler, später Vorsitzender des Internationalen Sozialistischen Kampfbundes (ISK), Minna Specht, Leiterin der ISK-Schule Walkemühle, und Mary Saran (v. l. n. r.), 1925

des (ISK) in der Adolfstraße 19. Während ihrer Ehe hatte sie in den Jahren 1919 bis 1926 den Namen ihres Mannes Max Hodann getragen und war in den Internationalen Jugendbund eingetreten. Die Mitglieder des daraus entstandenen ISK orientierten sich an einer ethisch begründeten Sozialismus-Vorstellung. Mary Saran arbeitete als Fürsorgerin bei den Berliner Elektrizitätswerken (Bewag), wurde Freidenkerin und schrieb für die ISK-Zeitung *Der Funke.* Als die Mitglieder des ISK die drohende Gefahr des Nationalsozialismus erkannten, war Mary Saran nachts unterwegs, um die verbandseigene Zeitung zu verteilen. 1933 – nachdem bereits mehrere ISK-Mitglieder misshandelt worden waren – flüchtete sie mit Gleichgesinnten ins Exil nach England, wo sie im Rahmen der Labour Party in der Erwachsenenbildung und unter anderem viele Jahre als Frauensekretärin der Sozialistischen Internationale (SI) arbeitete. Sie kehrte nicht nach Deutschland zurück.

Fritz Grob, undatiert

11 Fritz Grob (1896–1981)
Provinzstr. 101, 13409 Berlin-Reinickendorf, Bus-Haltestelle Papierstraße
Karte hinten, Detailkarte 1

. . . .

Fritz Grob, Mitglied des Internationalen Sozialistischen Kampfbundes (ISK), zog gegen Ende der Weimarer Republik in das Mietshaus in der Provinzstraße 101. Der 1926 gegründete ISK, der nur wenige hundert Mitglieder besaß, zählte zu den aktivsten Teilen der Arbeiterbewegung. Er war antikapitalistisch, internationalistisch, pazifistisch und antiklerikal eingestellt; der Schwerpunkt seiner Aktivitäten lag im Erziehungs- und Bildungsbereich. Seine Mitglieder, die sich primär an ethischen Forderungen orientierten, zeichneten sich aus durch einen hohen Idealismus und großes Engagement. Der Internationale Jugendbund als Vorgänger des ISK wurde 1925 aus den

sozialdemokratischen Organisationen ausgeschlossen. Anlässlich bevorstehender Reichstagswahlen 1932/33 rief die Berliner ISK-Gruppe mit einem »Dringenden Appell« zur Einheitsfront bzw. Listenverbindung von SPD und KPD (→ S. 67) auf. Sie war früh auf einen illegalen Widerstand gegen die NS-Diktatur vorbereitet.
Der Tischler Fritz Grob, der im Ersten Weltkrieg die Revolutionären Obleute unterstützt hatte, wurde nach 1933 wiederholt als Berliner ISK-Leiter wegen Widerstands inhaftiert. Mit Flugschriften, Streuzetteln, Antifa-Münzen und Wandparolen trat der ISK der NS-Propaganda vielfältig entgegen. Grob war nach dem Ende der NS-Diktatur Gewerkschaftsfunktionär des DGB im Bezirk Wedding.

12 Parteivorstand der KPD
Rosenthaler Str. 38, 10178 Berlin-Mitte, U-Bhf. Weinmeisterstraße
Karte vorn, C 1

. . . .

Der Parteivorstand der zur Jahreswende 1918/19 im Festsaal des Preußischen Landtags (→ S. 61) gegründeten KPD hatte ab 1921 seinen Sitz im Hinterhof des 1905 von Carl Schwaltow entworfenen Geschäfts- und Wohnhauses Rosenthaler Str. 38. Aus dem heute denkmalgeschützten Gebäude zog die

Haus in der Rosenthaler Straße 38,
bis 1926 Sitz der KPD

Partei 1926 in das Karl-Liebknecht-
Haus (→ S. 68).
Bei ihrer Gründung war die KPD nur
eine kleine politische Gruppierung,
die erst nach der Spaltung der Unabhängigen Sozialdemokratischen Partei
Deutschlands (→ S. 46) im Jahre 1920
zur Massenpartei wurde. Der politische
Kurs der KPD war von Anfang an ein
»Zickzackkurs«, der oft abrupte Pendel-
ausschläge nach links oder nach rechts
verzeichnete. Die KPD wandelte sich
bald zu einer stalinisierten antirepu-
blikanischen und antidemokratischen
Kaderpartei, die sich der von der

Kommunistischen Partei der Sowjetunion angeleiteten Kommunistischen
Internationale (Komintern) bedingungs-
los unterordnete. Sie blieb aber eine
Arbeiterpartei mit großem Massen-
anhang besonders bei den Wählern.
Die Parteiführung agierte autoritär und
bürokratisch, von einer innerparteilichen Demokratie konnte keine Rede
sein. Ende der 1920er Jahre war die
Praxis der KPD von einer Ideologie bestimmt, die die Sozialdemokraten zu
»Sozialfaschisten« abstempelte, die ge-
fährlicher seien als die Nationalsozialisten. Die KPD war jedoch politisch
und organisatorisch nie so stark, um
die Weimarer Demokratie ernsthaft zu
gefährden.

13 Karl-Liebknecht-Haus
Kleine Alexanderstr. 28, 10178 Berlin-
Mitte, U-Bhf. Rosa-Luxemburg-Platz
Karte vorn, D 1

Von 1926 bis 1933 hatte die KPD
(→ S. 67) ihren Sitz im Karl-Liebknecht-Haus in der Kleinen Alexanderstraße. Der Haupteingang befand sich
in der Weydinger Straße 9, ein Neben-
eingang in der Bartelstraße 1–5. Das
heute unter Denkmalschutz stehende
Haus wurde 1910 als Bürogebäude erbaut. In dem Gebäude hatten neben

Karl-Liebknecht-Haus, 1930

Polizeieinsatz in der Kösliner Straße am 1. Mai 1929

dem Zentralkomitee der KPD auch Redaktion und Druckerei der *Roten Fahne* und weitere parteieigene Unternehmen ihren Platz gefunden.

Im Februar 1933 besetzte die Polizei das schon fast leere Karl-Liebknecht-Haus, im März wurde es von den Nazis in Horst-Wessel-Haus umbenannt, als »wildes« Konzentrationslager genutzt und später der Preußischen Finanzverwaltung überlassen. Das im Kriege stark zerstörte Grundstück wurde 1947 der SED übergeben, die das Haus bis 1950 wiederaufbaute. Es diente der SED als Büro- und Gästehaus. Ab Mai 1990 war das Karl-Liebknecht-Haus Sitz des Parteivorstandes der PDS und ist seit Juni 2007 der Sitz der aus einer Fusion von der PDS mit der Wahlalternative Arbeit und soziale Gerechtigkeit (WASG) entstandenen Partei »Die Linke«.

14 Blutmai 1929

Kösliner Str., 13357 Berlin-Wedding, S- und U-Bhf. Wedding
Karte hinten, Detailkarte 1

Die Spaltung der politischen Arbeiterbewegung Ende 1918 in SPD und KPD (→ S. 67) gehörte auch in Berlin zu den prägenden Erfahrungen der Arbeiterschaft. Spätestens 1928, als sich die Kommunistische Internationale und die KPD mit ihrer »Sozialfaschismus«-Ideologie gegen die SPD stellten, war die Zusammenarbeit beider Parteien auf den Nullpunkt gesunken. Diese Ideologie, die die SPD zu einer »sozialfaschistischen« Partei erklärte (→ S. 67), fand dennoch nicht zuletzt aufgrund der Ereignisse des »Blutmai« 1929 großen Widerhall bei den Anhängern der KPD.

Nach Zusammenstößen zwischen der SA und dem kommunistischen »Roten Frontkämpferbund« im Dezember 1928 hatte der sozialdemokratische Polizeipräsident Karl Friedrich Zörgiebel mit einem allgemeinen Demonstrationsverbot reagiert, das auch für den 1. Mai 1929 aufrechterhalten wurde. Die KPD rief dennoch zu Massendemonstrationen am Tag der Arbeit auf. Aufgrund des völlig unverhältnismäßigen Einsatzes staatlicher Gewalt kam es in ganz Berlin zu mehrtägigen blutigen Straßenkämpfen, vor allem in Neukölln und in Wedding, wo sie sich in der Kösliner Straße konzentrierten. Der »Blutmai« forderte mehr als 30 Tote und etwa 200 Verletzte.

Solidargemeinschaft als Lebensform

Die Sozialdemokratie der Weimarer Republik war nicht nur politische Partei, sondern war für viele Mitglieder und Funktionäre eine eigene Lebensweise, ja eine spezifische politische Kultur, ein Milieu mit bestimmten Einstellungen, Mentalitäten, Werten und Verhaltensweisen, die sich von denen der bürgerlichen Umwelt unterschieden. Zugespitzt formuliert: Die Arbeiterbewegung bot in ihrer ganzen Vielfalt eine Art Heimat. Sozialstruktur, Organisationsnetzwerk und Programmatik bildeten eine Einheit, auch und gerade im Alltag.

Die traditionelle SPD war – auf den Begriff gebracht – primär eine Solidargemeinschaft von Facharbeitern. Diese ging zwar vom (Fach-)Arbeitsplatz aus, umfasste aber alle Lebensbereiche, das Wohnen, die Freizeit, die Bildung. Sie war beispielhaft an solchen Orten wie der Hufeisensiedlung in Neukölln, der Friedrich-Ebert-Siedlung in Wedding, der Siedlung Paradies in Köpenick und der vom Reformpädagogen Fritz Karsen geleiteten Karl-Marx-Schule in Neukölln.

Die verschiedenen Lebensbereiche der Solidargemeinschaft waren darüber hinaus durch ein vielfältiges Organisationsnetzwerk miteinander verbunden. Trotz der politischen Orientierung der Partei auf Wahlen und Parlamentsarbeit war die Organisationsstruktur der sozialdemokratischen Arbeiterbewegung insgesamt auf außerparlamentarische Arbeit und die Durchdringung aller Lebensbereiche mit sozialdemokratischem Bewusstsein angelegt. Da gab es solche Organisationen wie die Kinderfreunde, den Deutschen Arbeiter-Sängerbund, den Verband für Freidenker und Feuerbestattung, den Bund der Religiösen Sozialisten Deutschlands, die Naturfreunde, den Arbeiter-Samariter-Bund, den Deutschen Arbeiter-Abstinenten-Bund und Dutzende anderer Vereine. Diese Organisationsvielfalt war im sozialdemokratischen Selbstverständnis so etwas wie Sozialismus im Kleinen und im Vorgriff auf die Zukunft.

Die organisatorisch abgesicherte Solidarität war schließlich in die sozialistmustheoretischen Konzepte der Sozialdemokratie eingegangen und gab diesen einen Realitätsbezug. So ist von Theoretikern wie Fritz Naphtali und Rudolf Hilferding die Erringung der Wirtschaftsdemokratie begriffen worden als das Hineinwachsen der Arbeiterorganisationen in die verschiedenen Bereiche der zunächst noch kapitalistisch bestimmten Gesellschaft und Wirtschaft sowie in den Staat. Das Zusammengehörigkeitsgefühl der Solidargemeinschaft ergab sich nicht zuletzt aus programmatischen Grundüberzeugungen, nämlich der Überwindung des Kapitalismus durch den demokratischen Sozialismus und die Verteidigung der parlamentarischen Demokratie.

Die sozialdemokratische Solidargemeinschaft war keine politische oder soziale Idylle. Vielmehr gab es Flügelkämpfe, sozialdemokratische Hochburgen und Gebiete der Diaspora standen sich gegenüber. Zwischen manchen Organisationen bestanden Konkurrenzverhältnisse, wurden Konflikte ausgetragen, partikulare Interessen durchgesetzt, fanden sich Fraktionierungen und Generationskämpfe aller Art. Gleichwohl: Gemeinsam war allen ein fundamentaler Optimismus und das Vertrauen in den Gang der Geschichte hin zum Sozialismus.

Peter Lösche

15 Hufeisensiedlung

Fritz-Reuter-Allee 2–72 bis Onkel-Bräsing-Str. 1–143 und dazwischen-liegende Straßen, Fritz-Reuter-Allee 78–120 bis Paster-Behrens-Str. 53–63 und dazwischenliegende Straßen, Buschkrugallee 177–247, Grüner Weg 2–34, Parchimer Allee 9–32, Berlin-Neukölln, U-Bhf. Blaschkoallee und Parchimer Allee
www.hufeisensiedlung.info
Karte hinten, D 4

....

Die zwischen 1925 und 1933 erbaute Hufeisensiedlung im Neuköllner Ortsteil Britz versinnbildlicht die Idee des gemeinnützigen Wohnungsbaus. Bauherr war die 1924 entstandene Gemeinnützige Heimstätten-, Spar- und Bau-AG (GEHAG), deren Hauptaktionär der Allgemeine Deutsche Gewerkschaftsbund (→ S. 85) war. Als erste der Berliner Großsiedlungen wurde sie konzipiert und gebaut von den Architekten des »Neuen Bauens« Bruno Taut und Martin Wagner. Wagner war SPD-Mitglied und von 1926 bis 1933 Stadtbaurat Berlins. Taut kam 1924 durch Wagners Fürsprache zur GEHAG und war für deren Wohnungsprogramm bis 1933 zuständig.
Städtisches und Vorstädtisches prägen den Charakter der Großsiedlung mit 1027 Wohnungen, davon 472 in Zeilen aufgereihte zweigeschossige Reihenhäuser. Eine aus nur einem Haustyp bestehende dreigeschossige Wohnhauszeile in Form eines Hufeisens umgibt einen Teich und bildet den Kern der Siedlung. Die relativ kleinen Wohnungen mit Standard-Grundriss und die funktionale Architektur sollten die Baukosten und damit die Mietkosten senken und zugleich den Gemeinschaftsgedanken und die soziale Egalität betonen. Die Öffentliche Hand verkaufte die denkmalgeschützte Siedlung 1998 an einen Immobilienkonzern. Sie gehört seit 2008 zum UNESCO-Welterbe.

16 Erich Mühsam (1878–1934)

Dörchläuchtingstr. 48, 12359 Berlin-Neukölln, U-Bhf. Parchimer Allee
Karte hinten, C 4

....

In der Hufeisensiedlung im Ortsteil Britz lebte von 1927 bis 1933 der Schriftsteller und Anarchist Erich Mühsam. Als Sohn jüdischer Eltern in Berlin geboren, wuchs er in Lübeck auf und erlernte den Beruf des Apothekenhelfers. Ab 1901 wieder in Berlin, schloss er sich einer anarchistischen Dichtervereinigung an, schrieb für eine anarchistische Zeitschrift und siedelte schließlich 1909 nach München über, um sich hier in der Bohème als Lyriker, Journalist und Herausgeber der Zeitschrift *Kain* einen Namen zu machen. Mehrfach verhaftet, zuletzt Ende 1918, wurde er bald führend in der Münchner Räterepublik aktiv. Zu 15 Jahren Festungshaft verurteilt, wurde er nach fünf Jahren entlassen. 1924 zog er

Teilaufnahme der Hufeisensiedlung, Blick nach Südwesten, 1998

Erich Mühsam, undatiert

lassen, starb sie 1962. Erich und »Zenzl« Mühsam haben seit 1992 ein gemeinsames Grab auf dem Waldfriedhof Dahlem.

17 Arbeiter-Baugenossenschaft Paradies

Buntzelstr. 117–123 bis Hundsfelder Str. 8–36 und dazwischenliegende Straßen, 12526 Berlin-Treptow, S-Bhf. Altglienicke
Karte hinten, E 4

wiederum nach Berlin, gründete eine anarchistische Zeitschrift und die »Anarchistische Vereinigung«, agitierte zusammen mit dem Begründer des Anti-Kriegsmuseums (→ S. 64) Ernst Friedrich gegen Militarismus und Krieg und arbeitete in der KPD-nahen Roten Hilfe für die Unterstützung politischer Gefangener. In der Nacht nach dem Reichstagsbrand Ende Februar 1933 von der SA verhaftet, begann für Mühsam ein monatelanger Leidensweg, bis er im Juli 1934 im Konzentrationslager Oranienburg ermordet wurde.

Seine Frau Kreszentia flüchtete über Prag ins Exil in die Sowjetunion, wo sie fast 20 Jahre inhaftiert wurde. 1954 aus dem Gulag in die DDR ent-

Die Arbeiter-Baugenossenschaft Paradies wurde 1902 in Bohnsdorf gegründet. Schon sieben Monate später hatte die im heutigen Köpenick gelegene Genossenschaft 1470 Mitglieder. Die Baugeschichte der Siedlung zwischen Buntzel- und Hundsfelder Straße verlief ab 1904 in Etappen: Den dreigeschossigen Wohnhäusern folgten zunächst Einfamilienreihenhäuser. Bei der Grundsteinlegung soll ein Spruch eingemauert worden sein: »Die Sehnsucht nach dem Vaterhaus hat mit vereinter Kraft dich gegründet, den Genossen ein Segen, den Nachkommen ein Vorbild zur Nachahmung.«

Die ältesten Bauten stehen in der Buntzel- und Paradiesstraße. Bruno Taut setzte in den späten 1920er Jahren den Siedlungsbau mit seiner aufgelockerten, offenen Bauweise fort, hauptsächlich in der Sausenberger

Wohnhäuser der Baugenossenschaft Paradies in der Hundsfelder Straße nach einem Entwurf von Bruno Taut, 1920er Jahre

Gedenksteinenthüllung in der Friedrich-Ebert-Siedlung, 25. September 1932

und in der Leschnitzer Straße. 1939 endete der letzte Bauabschnitt.

Dass die »Paradieser« der Kommunalisierung ihrer Wohnungen in der DDR widerstanden, brachte erhebliche Nachteile mit sich, sicherte aber ihre Autonomie als Gemeinnützige Genossenschaft. Von der Substanzsicherung seit 1992 bis zum Tradition bewahrenden Neubau reicht mittlerweile die Paradies-Geschichte. Die Gartenstadtsiedlung umfasst heute über 700 Wohnungen.

18 Friedrich-Ebert-Siedlung

U. a. Müllerstr. 92 – 98 bis Windhuker Str. 52 – 60 und dazwischenliegende Straßen, Berlin-Wedding, U-Bhf. Afrikanische Straße
Karte hinten, Detailkarte 1

1928 erwarb der gemeinnützige Bau- und Sparverein »Eintracht« das Gelände zwischen Müller- und Windhuker Straße im Bezirk Wedding. Hier entstand zwischen 1929 und 1931 der Kern einer Wohnsiedlung, der für die Leitidee der aufgelockerten Stadt und des »Neuen Bauens« stand. Verantwortlich für den ersten Bauabschnitt waren die Architekten Paul Mebes und Paul Emmerich, für den zweiten Bruno

Taut. Die quer zur Straße verlaufende Zeilenbauweise ermöglichte dazwischen Begrünung. Zu den architektonischen Charakteristika gehörten Loggien und Balkone. Die Fortführung des Siedlungsbaus vor Ort in der NS-Zeit durch Werner Harting und Wolfgang Werner ist eine Kritik am »Neuen Bauen«, indem die Häuser unter anderem anstelle von »undeutschen« Flachdächern ziegelgedeckte Satteldächer erhielten. Der Wiederaufbau nach teilweiser Kriegszerstörung entspricht nicht dem Originalzustand. Es fehlen Tauts ausgeprägte Farbkompositionen. Ein 1931 aufgestellter Gedenkstein des Gartenbauarchitekten Fritz Encke erinnert an Friedrich Ebert (→ S. 59), den Namensgeber der heute denkmalgeschützten Siedlung.

19 Künstlerkolonie Südwestkorso

U. a. Südwestkorso 45 – 48 bis Kreuznacher Str. 32 – 40 und dazwischenliegende Straße, 14197 Berlin-Wilmersdorf, U-Bhf. Breitenbachplatz
www.kuenstlerkolonie-berlin.de
Karte S. 134 / 135, A 4

Die drei zuerst errichteten Häuserblocks der Künstlerkolonie am Südwestkorso entstanden zwischen 1927

Häuser der »Künstlerkolonie« am Ludwig-Barnay-Platz, Ecke Bonner Straße

Kaiser-Friedrich-Realgymnasium, die spätere Karl-Marx-Schule, vor 1912

und 1931 nach Entwürfen von Ernst und Günther Paulus. In der »Gemeinnützigen Heimstätten-Gesellschaft Künstlerheim« hatten sich die Gewerkschaft »Genossenschaft Deutscher Bühnenangehöriger« und der »Schutzverband deutscher Schriftsteller« zusammengefunden, um ihren Mitgliedern mietgünstigen und komfortablen Wohnraum zu bieten. Die Siedlung war eine »kleine Insel inmitten der Flut von Hakenkreuz und Schwarz-Weiß-Rot« (Axel Eggebrecht), die sich dem braunen Terror zu widersetzen versuchte. Anfang 1933 waren es etwa 300 »geistige Arbeiter« und Künstler, die in der Siedlung wohnten und die der *Völkische Beobachter* als eine »Auslese übelster Intellektueller« diffamierte. Darunter der Philosoph Ernst Bloch, der Schauspieler Ernst Busch, der Psychologe Manès Sperber, der Schriftsteller Arthur Koestler und die Publizistin Susanne Leonhard. Auch heute ist die inzwischen erweiterte und unter Denkmalschutz stehende Siedlung ein beliebter Wohnort, nicht zuletzt für Künstler, Schauspieler, Journalisten und Bühnenarbeiter.

20 Karl-Marx-Schule

Sonnenallee 79, 12045 Berlin-Neukölln, U-Bhf. Rathaus Neukölln
Karte vorn, E 4

Das 1902 als Kaiser-Friedrich-Realgymnasium eingeweihte und heute unter Denkmalschutz stehende Schulgebäude überzeugt noch immer durch eine ebenso schlichte wie sehenswerte Architektur. Die heutige Ernst-Abbe-Schule gilt in Berlin als Musterschule, insbesondere bei der Förderung von Schülern und Schülerinnen mit Migrationshintergrund. Nicht viel anders war es vor rund 90 Jahren: Unter dem Einfluss des reformpädagogischen Schulleiters Fritz Karsen und des Stadtrats und Vorsitzenden der »Kinderfreunde« Kurt Löwenstein entwickelte sich die 1929 in Karl-Marx-Schule umbenannte

Einrichtung in den 1920er Jahren zu *der* Vorzeigeschule der Reformpädagogik in Berlin und Deutschland. Im Vordergrund stand hier die Erziehung zum solidarisch denkenden und mündigen Bürger. Die Nazis setzten diesem Experiment 1933 schnell ein Ende.

21 Hildegard Wegscheider (1871–1953)

Adolf-Scheidt-Platz 19, 12101 Berlin-Tempelhof, U-Bhf. Paradestraße
Karte S. 134/135, D 3

Hildegard Wegscheider, undatiert

In der ab den 1920er Jahren errichteten Gartenstadt Neu-Tempelhof wohnte von 1932 bis 1934 die Sozialdemokratin und Bildungspolitikerin Hildegard Wegscheider. Sie war nicht nur die erste Frau, die 1894 in Preußen das Abitur ablegte, sondern auch die erste, die 1898 an einer deutschen Universität promovierte. Zuvor hatte sie bereits das Lehrerinnen-Examen abgelegt. In Berlin gründete sie 1900 die erste private Schule mit gymnasialem Unterricht für Mädchen. Ab 1919 Mitglied der Verfassunggebenden Preußischen Landesversammlung, zog sie 1921 als Abgeordnete in den Preußischen Landtag ein. Sie förderte insbesondere die Bildung von reformpädagogisch orientierten Aufbauschulen, wie etwa die

Adolf-Scheid-Platz, 1932; in der Mitte Haus Nr. 19, in dem die Bildungspolitikerin Hildegard Wegscheider wohnte

spätere Karl-Marx-Schule (→ S. 75) in Neukölln. 1933 von den Nazis ihrer Ämter enthoben, wurde sie schikaniert und musste ihren Lebensunterhalt durch Privatunterricht verdienen. Um Hildegard Wegscheider sammelte sich ein Kreis von Oppositionellen, und sie half »untergetauchten« Juden zu überleben.
Nach 1945 beteiligte sie sich in Berlin am Wiederaufbau des Schulsystems und der SPD. Ihr Grab befindet sich auf dem Friedhof Wilmersdorf.

22 Deutscher Arbeiter-Sängerbund

Danziger Str. 239, 10407 Berlin-Prenzlauer Berg, S-Bhf. Landsberger Allee
Karte vorn, F1 ✉

Auf dem Neubaugelände in der Danziger Straße, gegenüber dem heutigen Sport- und Erholungszentrum Landsberger Allee, befand sich bis 1933 unter der Anschrift Elbinger Straße 4 die Bundesgeschäftsstelle des Deutschen Arbeiter-Sängerbundes (DAS).
Die Vorgängerorganisation wurde

Postkarte des Arbeiter-Sängerbundes, Ende 19. Jahrhundert

1892 in Leipzig gegründet und 1908 mit mehr als 100 000 Mitgliedern in den DAS umgewandelt. Bereits in den 1860er Jahren hatten sich aus den Arbeiterbildungsvereinen erste regionale Arbeitergesangsvereine herausgebildet. In dem Dachverband waren Laienchöre organisiert, die politische und volkstümliche Lieder, später auch klassische Werke pflegten. Insbesondere die politischen Kampf- und Freiheitslieder kamen bei festlichen Anlässen der Arbeiterbewegung zur Aufführung. In den 1920er Jahren konnten Arbeiterchöre avantgardistische Komponisten für sich gewinnen, wie zum Beispiel die »Berliner Liederfreunde 1879« Hanns Eisler. Der Arbeiter-Sängerbund wurde 1933 von den Nazis aufgelöst und die Gesangsvereine verboten oder in eine nationalsozialistische Kulturorganisation zwangsüberführt. Nach dem Ende der NS-Diktatur wurde die Tradition der Arbeitergesangsvereine kaum wiederbelebt.

Postkarte des Arbeiter-Radfahrerbundes »Solidarität«; Ende 19. Jahrhundert

23 Zentralkommission für Arbeitersport und Körperpflege

Bülowstr. 29, 10783 Berlin-Schöneberg, U-Bhf. Bülowstr.
Karte vorn, A3; Karte S. 134/135, C1

In dem heute unter Denkmalschutz stehenden Mietshaus hatte der Dachverband der Arbeitersportverbände bis 1933 seine Geschäftsräume. Die 1912 gegründete Zentralkommission war eine Aktionsgemeinschaft und verstand sich als Teil der Arbeiterbewegung.
1928 waren etwa 17 000 Vereine mit rund 1,2 Millionen Mitgliedern in der Zentralkommission zusammengefasst. Der Arbeiter-Turn- und Sportbund (ATSB) war mit mehr als 770 000 Mitgliedern der mit Abstand am stärksten vertretene Verband, gefolgt vom Arbeiter-Radfahrerbund »Solidarität«. Vertreten waren auch der Touristenverein »Die Naturfreunde«, der Arbeiter-Samariter-Bund (ASB), die »Volksgesundheit« sowie andere Sportler bis hin zu den Seglern mit 1545 Mitgliedern. 1925 fand die erste internationale Arbeiter-Olympiade in Frankfurt am Main statt – nicht als Wettkampf der Nationen, sondern als friedlicher Wettstreit von Arbeitersportlern zahlreicher Sportvereine aus vielen Ländern.
Geschäftsführer der Zentralkommission in Berlin war bis zur von den Nazis erzwungenen Auflösung 1933 der Sozialdemokrat Fritz Wildung, Vater der späteren Bundestagspräsidentin Annemarie Renger. Nach dem Zweiten Weltkrieg wurde die Tradition der Arbeitersportvereine nicht in nennenswertem Umfang weitergeführt.

24 Freie Volksbühne

Rosa-Luxemburg-Platz, 10178 Berlin-Mitte, U-Bhf. Rosa-Luxemburg-Platz
www.volksbuehne-berlin.de
Karte vorn, D 1

1890 wurde in Berlin der Verein Freie Volksbühne gegründet. Er setzte sich zum Ziel, seinen Mitgliedern Theaterbesuche zu sozial verträglichen Preisen zu ermöglichen, und richtete sich in

Freie Volksbühne am Bülowplatz, heute Rosa-Luxemburg-Platz, um 1935

erster Linie an die Arbeiterschaft. Diesem Beispiel folgte man in anderen Großstädten, zum Beispiel in Hamburg und Wien. 1914 hatte der Berliner Verein bereits 70 000 Mitglieder. Als Symbol des Erfolgs galt das von Oskar Kaufmann entworfene »Volkskunsthaus« am heutigen Rosa-Luxemburg-Platz. In der Weimarer Republik erregte dort Erwin Piscator mit seinem politischen Theater Aufsehen. 1933 wurde die Volksbühnenbewegung von den Nazis »gleichgeschaltet«.

Nach dem Ende der NS-Diktatur führte die Teilung Berlins auch zur Spaltung der neu gegründeten Volksbühne. In Westberlin prägten herausragende Intendanten wie Piscator und Kurt Hübner die Freie Volksbühne. Inszenierungen wie »Die Ermittlung« von Peter Weiss und »In der Sache Robert Oppenheimer« von Heinar Kipphardt mehrten den Ruf des Theaters, das ab den 1960er Jahren in der Schaperstraße ansässig war und 1992 geschlossen wurde.

Im Ostteil der Stadt unterstand die Volksbühne bis 1990 dem Freien Deutschen Gewerkschaftsbund (FDGB). Seit 1992 wird in dem denkmalgeschütztem Haus unter der Intendanz von Frank Castorf Theater gespielt.

25 Konsumgenossenschaft Berlin
Josef-Orlopp-Str. 32, 10365 Berlin-Lichtenberg, S- und U-Bhf. Frankfurter Allee
www.konsum-berlin.de
Karte hinten, Detailkarte 2

Einkauf im Großen, Verkauf im Kleinen – ohne Gewinn. So lässt sich die Idee der Konsumgenossenschaft knapp umreißen. Die 1899 gegründete Konsumgenossenschaft Berlin ließ bis 1913 in Lichtenberg ein von dem Architekten Leberecht P. Ehricht entworfenes repräsentatives Verwaltungsgebäude im Stil des Neoklassizismus errichten. Auf dem Gelände entstanden neben Bäckerei, Lagerhäusern, Fuhrpark, Wurstfabrik, Kesselhaus und Werkstätten auch Mietshäuser. Die Mitglieder der Genossenschaft, die zunächst hauptsächlich aus der Arbeiterschicht kamen, konnten auch Dienstleistungen kostengünstig nutzen. Im Geschäftsjahr 1928/29 verzeichnete das Unternehmen einen Umsatz vom knapp 70 Millionen Reichsmark bei rund 170 000 Mitgliedern. Ein nach Plänen von Max Traut und Franz Hoffmann errichtetes Warenhaus am Kreuzberger Oranienplatz wurde 1932 fertiggestellt.

Werbung der Konsumgenossenschaft Berlin und Umgegend, 1926

Die Konsumgenossenschaft musste 1935 liquidiert werden. Nach dem Ende der NS-Diktatur wiedergegründet, wurde sie im Ostteil der Stadt in den 1950er Jahren den Weisungen des zuständigen DDR-Ministeriums unterstellt. In Westberlin wurde – wie auch in der Bundesrepublik – die Idee der Waren- und Dienstleistungsgenossenschaften ebenfalls wiederbelebt. In einigen Regionen Deutschlands existieren sie noch immer, zum Beispiel unter dem Namen Coop. Das nach 1990 wieder genossenschaftlich ge-

führte Unternehmen im Bezirk Lichtenberg hat noch heute seinen Sitz in dem denkmalgeschützten Ensemble.

26 Freireligiöse Gemeinde
Pappelallee 16 – 17, 10437 Berlin-Prenzlauer Berg, U-Bhf. Eberswalder Straße
www.freigeistig-berlin.de
Karte hinten, Detailkarte 1

Ein grüner Lichtblick im Häusermeer des Prenzlauer Berges ist in der Pappelallee ein ehemaliger Friedhof von

Friedhof der Freireligiösen Gemeinde in der Pappelallee, um 1910

Dissidenten des 19. und 20. Jahrhunderts. Sie nannten sich ab 1859 »Freireligiöse«, weil sie frei in der Religion leben wollten, ohne die Dogmen der Kirchen. Sie hatten einst in der Revolution von 1848 mitgewirkt. Unfromme Sprüche prangten an der Innenseite des Eingangs zu ihrem Friedhof, wie »Schafft hier das Leben gut und schön, kein Jenseits ist, kein Aufersteh'n«.

Auf dem Friedhof sind die Gräber von vielen Sozialdemokraten zu finden, wie das von Agnes Wabnitz (1842–1894), einer Vorkämpferin der Gleichberechtigung, die die Heimarbeit der Frauen organisierte, Heinrich Roller (1839–1916), der als ein Erfinder eines Stenografensystems der sozialdemokratischen Reichstagsfraktion zur Seite stand, und Wilhelm Hasenclever (1837–1889), dem Mitbegründer der sozialdemokratischen Zeitung *Vorwärts*. Der ehemalige Friedhof ist heute eine Parkanlage, die zu Muße und Entdeckungen einlädt.

27 Adolph Hoffmann (1858–1930)
Neue Blumenstr. 1–21, 10179 Berlin-Mitte, U-Bhf. Schillingstraße
Karte vorn, D 2 ☒

....

Im Neubaugebiet rund um die im Kriege stark zerstörte heutige Neue Blumenstraße (Hausnummern 1 bis 21) hatte 1908 der Verlag von Adolph Hoffmann seinen Sitz. Als Bildungspolitiker war Hoffmann einer der führenden Köpfe der deutschen Sozialdemokratie. Als langjähriger Weggefährte von August Bebel stritt der aufgrund seiner Volksnähe äußerst populäre Hoffmann gegen soziale Ausbeutung und Krieg.

Hoffmanns Lebensgeschichte ist ein Musterbeispiel eines aufstiegswilligen Proletariers. Nach einer Lehre als Graveur arbeitete sich der Autodidakt, der er zeitlebens blieb, zum erfolgreichen Schriftsteller und Verleger hoch. Seine weit verbreitete Kampfschrift *Die zehn Gebote und die besitzende Klasse* von 1891 brachte ihm den Beinamen »Zehn-Gebote-Hoffmann« ein. Mit dieser Agitationsschrift unterstützte er erfolgreich die sozialdemokratische Kirchenaustrittsbewegung. Der Sozialdemokratie hatte er sich bereits im Alter von 18 Jahren angeschlossen. Als Berliner Stadtverordneter, Mitglied des Preußischen Landtages und des Reichstages trat er in fast allen Debatten zur Kirchen- und Kulturpolitik auf. Besonders geißelte er den Einfluss der Kirchen auf das Schulwesen. Hoffmann war der populärste Freidenker seiner Zeit, der 1918/19 als preußischer Kultusminister – nun Mitglied der Unabhängigen Sozialdemokratischen Partei Deutschlands (→ S. 46) – die Trennung von Staat und Kirche, so wie sie heute noch im Grundgesetz ver-

Adolph Hoffmann (l.) auf einer Kundgebung, undatiert

Ehemaliger Sitz des Freidenker-Verbandes in der Gneisenaustraße, undatiert

ankert ist, durchsetzte. Kurzzeitig Mitglied der KPD (→ S. 67), kehrte er 1922 zur SPD zurück. Sein Grab befindet sich auf dem Zentralfriedhof Friedrichsfelde (→ S. 31).

28 a Deutscher Freidenker-Verband
Gneisenaustr. 41, 10961 Berlin-Kreuzberg, U-Bhf. Gneisenaustraße
www.humanismus.de
Karte vorn, C 4

. . . .

1905 wurde in Berlin von zwölf Sozialdemokraten der »Sparverein für Freidenker« zur Ausführung der Feuerbestattung gegründet. Er richtete sich gegen das vorherrschende Dogma der Kirche, wonach nur Erdbestattungen erlaubt waren. Für einen Arbeiterhaushalt stellte eine Erdbestattung eine enorme finanzielle Belastung dar. Erst das preußische Feuerbestattungsgesetz von 1911 ermöglichte dem Verein, würdevolle Bestattungen kostengünstig zu vereinbaren.
Parallel zur Kirchenaustrittsbewegung

Anfang der 1920er Jahre traten viele dem Christentum entfremdete Arbeiter dem Verein mit Sitz in der Gneisenaustraße 41 bei. Seit 1925 wurde *Der Freidenker* in einer Auflage von 431 000 Exemplaren herausgegeben. Mit der letzten Umbenennung 1930 in Deutscher Freidenker-Verband (DFV) vollzogen die Mitglieder endgültig den Schritt zu einer Weltanschauungsgemeinschaft. Die Arbeit des Verbandes – etwa in Vorträgen und vor allem den Jugendweihen – fand bei den konfessionslosen Bevölkerungsteilen großen Anklang. Schon 1932 brachte die NSDAP im Reichstag einen Antrag auf Auflösung des DFV ein. Die SA besetzte im März 1933 die Zentrale in dem Kreuzberger Mietshaus. Der Verband wurde als staatsfeindlich eingestuft, Funktionäre ermordet oder ins Exil gezwungen. Unter dem Einfluss der nach Ende der NS-Diktatur wieder gegründeten Berliner Freidenker entstand 1993 der Humanistische Verband Deutschlands.

28 b Max Sievers (1887–1944)

Gneisenaustr. 41, 10961 Berlin-Kreuzberg, U-Bhf. Gneisenaustraße

Karte vorn, C 4

Max Sievers, undatiert

Als Vorsitzender des Deutschen Freidenker-Verbandes (→ S. 81) hatte Max Sievers bis 1933 seine Wirkungsstätte in der Gneisenaustraße. Sievers stammte aus einer kinderreichen Arbeiterfamilie in Tempelhof und schlug eine kaufmännische Laufbahn ein. Eine schwere Verwundung im Ersten Weltkrieg politisierte ihn. Er wurde 1918 im Arbeiter- und Soldatenrat Neukölln aktiv und für die Unabhängige Sozialdemokratische Partei Deutschlands (→ S. 46) Stadtverordneter. 1922 trat er in die SPD ein und wurde zunächst hauptamtlicher Geschäftsführer beim »Verein der Freidenker für Feuerbestattung«. Unter seiner Führung entwickelte sich der Verein zum Deutschen Freidenker-Verband mit 600 000 Mitgliedern. 1933 floh er vor den Nazis ins Ausland. Von dort beteiligte er sich am Widerstand gegen das NS-Regime. 1943 wurde er in Frankreich verhaftet, nach Deutschland gebracht, zum Tode verurteilt und 1944 hingerichtet. Erst 1996 wurde das Urteil auf Betreiben des Humanistischen Verbandes Deutschlands aufgehoben. Das Ehrengrab des Landes Berlin für Max Sievers befindet sich auf dem Friedhof Gerichtstraße.

29 Marie Juchacz (1879–1956)

Schmausstr. 83, 12555 Berlin-Köpenick, S-Bhf. Köpenick

Karte hinten, E 4

Marie Juchacz, um 1922

In der Siedlung Elsengrund lebte in der Alten Dahlwitzer Straße (heute Schmausstraße) bis 1933 die Gründerin und Vorsitzende der Arbeiterwohlfahrt (AWO) Marie Juchacz. Als Selbsthilfeorganisation der Arbeiterbewegung 1919 von der SPD gegründet und zunächst auf die Notleidenden des Ersten Weltkrieges konzentriert, entwickelte sich die AWO zu einer Anlaufstelle für alle sozialbedürftigen Menschen. Ihren Hauptsitz hatte sie im Gebäudekomplex des Parteivorstandes der SPD in der Lindenstraße. Heute gehört die AWO zu den Spitzenverbänden der Freien Wohlfahrtspflege. Neben ihrem sozialpolitischen Engagement war Marie Juchacz auch Vorkämpferin für das Frauenwahlrecht. 1919 sprach sie vor der Weimarer Nationalversammlung als erste Frau vor einem deutschen Parlament. Bis 1933 war die Sozialdemokratin Reichstagsabgeordnete. Nach der Machtübertragung an die Nazis musste sie über das Saargebiet nach Frankreich und von dort in die USA flüchten. 70-jährig kehrte sie 1949 nach Deutschland zurück und wurde Ehrenvorsitzende der AWO. Ihr Grab befindet sich in Köln.

Gewerkschaftliche Kämpfe und Institutionen

Die Spaltung der politischen Arbeiterbewegung während des Ersten Weltkrieges hatte auch für die Mitglieder der sozialdemokratisch orientierten Freien Gewerkschaften Folgen. Die gegen die »Burgfriedenspolitik« der Gewerkschaftsspitzen (und der SPD) Opponierenden schlossen sich dem politischen Kurs der 1917 gegründeten Unabhängigen Sozialdemokratischen Partei Deutschlands (USPD) an und mobilisierten in den Betrieben die Belegschaften gegen den Krieg – oft auch gegen den örtlichen Gewerkschaftsvorstand und häufig verbunden mit radikalen wirtschaftspolitischen Forderungen. Die Furcht vor Sozialisierungen zwang die Großindustrie während der deutschen Revolution 1918 in der neu gegründeten »Arbeitsgemeinschaft der industriellen und gewerblichen Arbeitgeber und Arbeitnehmer Deutschlands« (»Stinnes-Legien-Abkommen«) zur Anerkennung der Gewerkschaftsorganisationen als Tarifpartner, zur Zulassung von Arbeiterräten in Betrieben und zur Einführung des Achtstundentages. Im Gegenzug anerkannten die Gewerkschaftsführungen das privatwirtschaftliche Unternehmertum und erteil-

Postkarte zur Maifeier 1931

ten damit revolutionären Forderungen nach einer Vergesellschaftung der Produktionsmittel eine klare Absage. Die Mitbestimmung der Arbeiter in den Betrieben blieb ein zentrales Thema für die Gewerkschaften. So gründeten die Freien Gewerkschaften 1919 in Berlin als neue Unternehmensform die erste »Bauhütte« mit dem Ziel, eine von den Gewerkschaften kontrollierte Gemeinwirtschaft im Baugewerbe zu schaffen. In Berlin als Gemeinnützige Heimstätten-, Spar- und Bau-Aktiengesellschaft (GEHAG) von Gewerkschaften, »Arbeiter-Bank« und anderen Organisationen der Arbeiterbewegung getragen, traten die Bauhütten insbesondere bei der Errichtung von Großsiedlungsbauten hervor.

Der Allgemeine Deutsche Gewerkschaftsbund (ADGB) war darüber hinaus federführend bei der Ausarbeitung von Forderungen nach einer Demokratisierung der Wirtschaft, bei der die Mitbestimmung ein wesentliches Instrument darstellen sollte. Das von Fritz Naphtali erarbeitete wirtschaftspolitische Grundsatzprogramm wurde auf der Delegiertenversammlung des ADGB 1928 verabschiedet, erklärte Ziele waren »die schrittweise Beseitigung der Herrschaft, die sich auf den Kapitalbesitz aufbaut, und die Umwandlung der leitenden Organe der kapitalistischen Interessen in solche der Allgemeinheit«. Die Freien Gewerkschaften unterstützten auch wichtige reformpolitische Ziele der Sozialdemokratie wie die Einführung einer staatlichen Arbeitsvermittlung, einer Arbeitsgerichtsbarkeit und der Arbeitslosenversicherung. Während der Weimarer Republik verlegten viele Verbände ihren Hauptsitz nach Berlin. Die Freien Gewerkschaften bekannten sich zur Weimarer Verfassung und

traten reaktionären und monarchistischen Tendenzen aktiv entgegen. Dies zeigte sich besonders beim Kapp-Putsch 1920: Die Dachverbände schlossen sich dem Aufruf der Regierung zum Generalstreik gegen die republikfeindlichen Kräfte an und trugen damit wesentlich zum Scheitern des Putsches bei. Dagegen konnten sich die Gewerkschaftsführungen 1933 bei der Machtübergabe an die Nationalsozialisten nicht zu größeren Widerstandshandlungen durchringen. Sie schlugen zunächst sogar einen Anpassungskurs an die Politik der neuen Machthaber ein, der aber nicht zum erhofften Ziel des Erhalts eigenständiger Organisationen führte: Am 2. Mai 1933 besetzten SA und Polizei in ganz Deutschland die Gewerkschaftshäuser. Kurz darauf wurden die Mitglieder zwangsweise in die nationalsozialistische Deutsche Arbeitsfront (DAF) überführt und das Eigentum der Verbände beschlagnahmt.

Nach dem Ende der NS-Diktatur gelang es beim Neuaufbau der Organisationen, die bis 1933 bestehende politische Zersplitterung der Gewerkschaften weitgehend zu überwinden. Jedoch bestanden im Zuge der politischen Spaltung Berlins gegen Ende der 1940er Jahre in der Vier-Sektoren-Stadt der kommunistisch dominierte Freie Deutsche Gewerkschaftsbund (FDGB) und die sozialdemokratisch orientierte Unabhängige Gewerkschaftsorganisation (UGO) vorübergehend nebeneinander. Erst nach der Verlegung des Regierungssitzes nach Berlin im Jahr 1999 nahmen einige große Gewerkschaftsorganisationen hier wieder ihren Hauptsitz.

Marion Goers

30 a Allgemeiner Deutscher Gewerkschaftsbund

Inselstr. 6, 10179 Berlin-Mitte,
U-Bhf. Märkisches Museum
Karte vorn, D 2

1923 zog der Bundesvorstand des »Allgemeinen Deutschen Gewerkschaftsbundes« (ADGB) in den nach Plänen von Max Taut und Franz Hoffmann im Stil der Neuen Sachlichkeit errichteten ersten Teilbau in der Inselstraße, Ecke Wallstraße. Der ADGB, eine der drei Dachorganisation der Freien Gewerkschaften, hatte zuvor seinen Sitz im Gewerkschaftshaus (→ S. 34). 1890 als »Generalkommission der Gewerkschaften Deutschlands« gegründet, war er ein loser Zusammenschluss der SPD-nahen Zentralverbände der Gewerkschaften. Ihm wurden zunächst koordinierende Aufgaben übertragen, im Laufe der Zeit aber auch Aufgaben der politischen Führung und Repräsentation. Diesen Veränderungen Rechnung tragend, erfolgte 1919 die Gründung des Bundes. Carl Legien war von 1890 bis 1920 Vorsitzender, sein Nachfolger wurde Theodor Leipart (→ S. 86).

Am 2. Mai 1933 von der SA besetzt, wurde das Eigentum des Bundes beschlagnahmt und der nationalsozialistischen Deutschen Arbeitsfront überlassen, die bis 1945 in dem Haus ihren Sitz hatte. Anschließend wurde es bis 1990 unter anderem vom Freien Deutschen Gewerkschaftsbund (FDGB) genutzt, heute sind in dem denkmalgeschützten Gebäude Gewerberäume und Büros der IG Bergbau, Chemie, Energie.

Ehemaliger Sitz des Allgemeinen Deutschen Gewerkschaftsbundes

Theodor Leipart, um 1931

30b Theodor Leipart (1867–1947)
Inselstr. 6, 10179 Berlin-Mitte,
U-Bhf. Märkisches Museum
Karte vorn, D 2

Theodor Leipart gehört zu den Personen, die die Gewerkschaftsbewegung des 19. und 20. Jahrhunderts maßgeblich prägten. Der gelernte Drechsler war seit seinem 20. Lebensjahr gewerkschaftlich engagiert. Er wurde bereits mit 24 Jahren hauptamtlicher Vorsitzender der Vereinigung der Drechsler Deutschlands und zwei Jahre später 2. Vorsitzender des neu gegründeten Deutschen Holzarbeiter-Verbandes (→ S. 34), ab 1904 war er auch auf internationaler Ebene aktiv. Nach dem Ersten Weltkrieg einige Monate Arbeitsminister in Württemberg, kehrte Leipart 1921 zur Gewerkschaftsarbeit zurück: Er stand bis 1933 dem Dachverband Allgemeiner Deutscher Gewerkschaftsbund (→ S. 85) vor und wurde 1922 auch zum Vizepräsidenten des Internationalen Gewerkschaftsbundes (→ S. 91) gewählt. Den Anpassungskurs der Gewerkschaftsspitzen gegenüber dem NS-Regime im Frühjahr 1933 hatte Leipart mit zu verantworten. Von den Nazis seiner Ämter enthoben, zog sich der 66-Jährige ins Privatleben zurück, hielt aber Kontakt zu ehemaligen Weggefährten. 1946 trat er für die Vereinigung von SPD und KPD zur SED ein (→ S. 105) und wurde Mitglied dieser Partei. Sein Grab befindet sich auf dem Zentralfriedhof Friedrichsfelde (→ S. 31).

31 Bundesschule des Allgemeinen Deutschen Gewerkschaftsbundes
Hannes-Meyer-Campus 9, 16321 Bernau, Busstation Barnim-Gymnasium
www.baudenkmal-bundesschule-bernau.de
Karte hinten, D 1

1928 pachtete der sozialdemokratisch orientierte Allgemeine Deutsche Gewerkschaftsbund (ADGB; → S. 85) ein sechs Hektar großes Grundstück etwas außerhalb der Stadt Bernau – eine Lichtung zwischen Kiefernwäldern und einem kleinem See, auf der die Bundesschule des ADGB errichtet werden sollte. Im Architekturwettbewerb setzte sich Hannes Meyer, der damalige Direktor des Bauhauses in Dessau, unter anderem gegen Erich Mendelsohn und Max Taut durch und schuf zusammen mit Hans Wittwer ein Musterbeispiel moderner Baukultur.
Am 4. Mai 1930 wurde die Bildungsstätte eingeweiht. 120 aktive Gewerkschafter konnten sich nun jeweils vier Wochen in den Fächern Betriebslehre, Volkswirtschaft, Versicherungs- und Arbeitsrecht, Sozialpolitik und Arbeitshygiene weiterbilden und gleichzeitig erholen. Am 2. Mai 1933 wurde die Schule von der SA besetzt und als sogenannte Reichsführerschule zu einer Ausbildungs- und Tagungsstätte für SS, SD und Gestapo umgewandelt. 1945 wurde sie zunächst von der Roten Armee als Lazarett genutzt und dann dem Freien Deutschen Gewerkschaftsbund (FDGB) als Bildungsstätte übergeben.
Nach der Wende 1989 übernahm der DGB die Schule nicht. Seit 2001 ist die Berliner Handwerkskammer der neue Eigentümer und Nutzer. Die Schule wurde umfassend saniert und zum Baudenkmal erhoben. Noch heute

Ehemaliger Sitz der Bundesschule des Allgemeinen Deutschen Gewerkschaftsbundes

gilt der Gebäudekomplex als herausragendes Werk des Dessauer Bauhauses.

32 Verband der Deutschen Buchdrucker
Dudenstr. 10, 10965 Berlin-Kreuzberg, U-Bhf. Platz der Luftbrücke
Karte vorn, B 4; Karte S. 134/135, D 2

In den 1920er Jahren verlegte der Verband der Deutschen Buchdrucker seine noch am Gründungsort Leipzig ansässigen Einrichtungen an den Hauptsitz nach Berlin. Der hierfür unter anderem nach Plänen von Max Taut gebaute Gebäudekomplex in der Dudenstraße hat in der Straßenfront neben Gewerbe- auch Wohnräume. Die Fassade und Treppenhäuser wiesen die republikanischen Farben (Schwarz, Rot und Gold) auf – ein bewusstes politisches Bekenntnis.

Ehemaliges Verbandshaus der Deutschen Buchdrucker

1866 als Deutscher Buchdruckerverband zentral gegründet, gehört dieser Verband zu den ältesten Gewerkschaften Deutschlands. Aufgrund des hohen Lohnniveaus unter Buchdruckern entwickelte er sich zur finanzstärksten Gewerkschaft im Land und wies zudem einen extrem hohen Organisationsgrad auf: Mit mehr als 90 000 Mitgliedern gehörten ihm 1930 mehr als 94 Prozent aller Arbeiter der Buchdruckerberufe an. 1933 besetzten die Nazis das Haus, beschlagnahmten das Verbandseigentum und überführten die Mitglieder in die Deutsche Arbeitsfront (DAF). Nach dem Ende der NS-Diktatur zog die IG Druck und Papier ein; heute werden in dem denkmalgeschützten Gebäude nur noch die Gewerberäume der Straßenfront von der Gewerkschaft Verdi (→ S. 129) genutzt.

33 Deutscher Metallarbeiter-Verband
Alte Jakobstr. 149, 10969 Berlin-Kreuzberg, U-Bhf. Hallesches Tor
www.berlin.igmetall.de
Karte vorn, C 3

1930 verlegte der Deutsche Metallarbeiter-Verband (DMV) seinen Vorstandssitz nach Berlin und zog in die unmittelbare Nachbarschaft des SPD-Parteivorstandes. Der von Erich Mendelsohn und Rudolf W. Reichel

Ehemaliges Verbandshaus der Deutschen Metallarbeiter, heute IG Metall

entworfene Bau in der Alten Jakob-straße 149 hat die Form eines spitz-winkligen Dreiecks, an dessen Spitze der konkav geformte Kopfbau die Vor-standsbüros und die Sitzungsräume beherbergte.

Innerhalb der Freien Gewerkschaften gehörte der 1891 gegründete DMV zu den wenigen Verbänden, die bereits frühzeitig möglichst alle Berufe einer Branche zusammenfassten. In der Wei-marer Republik war er unter den Freien Gewerkschaften die mitglieder-stärkste Organisation und entwickelte sich sogar zur weltweit größten Ein-zelgewerkschaft. 1922 verzeichnete der DMV 1,6 Millionen Mitglieder, das heißt rund 20 Prozent der über 7,8 Millionen freigewerkschaftlich Or-ganisierten. Das Haus wurde 1933 von den Nazis besetzt, das Verbandseigen-tum beschlagnahmt und die Mitglieder in die Deutsche Arbeitsfront zwangs-überführt. Seit 1952 wird das Gebäude unter anderem von der IG Metall ge-nutzt. Es steht unter Denkmalschutz.

34 Einheitsverband der Eisenbahner Deutschlands

Rankestr. 4, 10789 Berlin-Charlotten-burg, U-Bhf. Kurfürstendamm
Karte S. 134/135, B1 ☒

Der 1925 gegründete Einheitsverband der Eisenbahner Deutschlands (EdED) hatte in der Rankestraße seinen Haupt-vorstandssitz; heute befindet sich hier ein Parkhaus.

Hervorgegangen aus der Vereinigung von zwei eigenständigen Verbänden für Eisenbahnbeamte, hatte der EdED 1928 rund 240 000 Mitglieder und war dem 1922 gegründeten Allgemei-nen Deutschen Beamtenbund (ADB) angeschlossen, der während der Wei-marer Republik einer von drei freige-werkschaftlichen Dachverbänden war. Im Gegensatz zum Deutschen Beam-tenbund, von dem er sich abgespal-ten hatte, forderte der ADB für Beamte die gleichen Rechte wie für Arbeiter und Angestellte, insbesondere das Koalitionsrecht und das Streikrecht.

Blick in die Rankestraße vom heutigen Breitscheidplatz aus, um 1900; im Haus Nummer 4 (Kreuz) hatte der Eisenbahner-verband seinen Sitz

Oranienplatz, 1925; rechts der ehemalige Sitz des Zentralverbandes der Angestellten

Unter wachsendem politischen Druck löste sich der ADB im April 1933 selbst auf, der EdED wurde von den Nazis im Mai 1933 zerschlagen und seine Mitglieder in die Deutsche Arbeitsfront zwangsüberführt. Nach dem Ende der NS-Diktatur bildeten sich die Gewerkschaft der Eisenbahner Deutschlands und die Gewerkschaft Deutscher Reichsbahnbeamten und Anwärter, die – später umbenannt – 2010 zur Eisenbahn- und Verkehrsgewerkschaft fusionierten.

35 Zentralverband der Angestellten
Oranienstr. 40, 10999 Berlin-Kreuzberg, U-Bhf. Kottbusser Tor
Karte vorn, D 3

Der Hauptvorstand des Zentralverbandes der Angestellten (ZdA) hatte bis 1932 seinen Sitz in einem repräsentativen Geschäftshaus in der Oranienstraße, das 1913 vom Architekturbüro Wilhelm Cremer und Richard Wolffenstein entworfen worden war.
Der ZdA, in dem Handels- und Büroangestellte organisiert waren, ging 1919 aus dem Zusammenschluss mehrerer der SPD nahestehender Angestelltenverbände hervor. Er gründete 1921 den SPD-nahen Dachverband Allgemeine freie Angestelltengewerkschaften (AfA-Bund) mit, dessen Vorsitzender Siegfried Aufhäuser (→ S. 89)

wurde. In dem Bund, der 1930 rund 210 000 Mitglieder hatte, waren unterschiedliche Berufsverbände zusammengeschlossen, unter anderem die der Werkmeister, der Bühnenangehörigen, der Ingenieure und der Kapitäne. Die Erkenntnis, dass Angestellte – ebenso wie Lohnempfänger – einen Teil der Arbeiterklasse bildeten, setzte sich bei der Mehrheit der Angestellten erst allmählich durch.
Unter wachsendem politischen Druck der Nazis löste sich der AfA-Bund im April 1933 selbst auf. Der ZdA wurde im Folgemonat zerschlagen und seine Mitglieder in die Deutsche Arbeitsfront zwangsüberführt. Als Deutsche Angestelltengewerkschaft (DAG) nach dem Ende der NS-Diktatur wiedergegründet, ging diese 2001 in der Gewerkschaft Verdi (→ S. 129) auf. Das denkmalgeschützte Haus in der Oranienstraße steht seit Jahren leer.

36 Siegfried Aufhäuser (1884–1969)
Zikadenweg 72, 14055 Berlin-Charlottenburg, S-Bhf. Messe Süd
Karte hinten, B 3

In der am Grunewald gelegenen Siedlung Eichkamp wohnte bis 1933 und nach dem Ende der NS-Diktatur erneut der Sozialdemokrat und Gewerkschaftsfunktionär Siegfried Aufhäuser.

Siegfried Aufhäuser, 1959

Der gelernte Handlungsgehilfe engagierte sich früh gewerkschaftlich und war treibende Kraft bei der politischen Neuorientierung der Angestelltengewerkschaften. Zuvor Mitbegründer der linksliberalen Demokratischen Vereinigung, trat er 1917 in die Unabhängige Sozialdemokratische Partei Deutschlands (→ S. 46) ein und gehörte ab 1922 zur SPD. Mit der 1921 erfolgten Gründung des Allgemeinen freien Angestelltenbundes wurde Aufhäuser Vorsitzender dieser Dachorganisation der SPD-nahen Angestelltengewerkschaften und im gleichen Jahr Abgeordneter des Reichstages. Von den Nazis 1933 ins Exil getrieben, flüchtete er in die Tschechoslowakei und 1939 in die USA.

1951 kehrte er nach Berlin zurück und wurde hier Landesvorsitzender der Deutschen Angestellten-Gewerkschaft. Erst mit 74 Jahren schied Aufhäuser aus dem Berufsleben aus. Sein Grab befindet sich auf dem jüdischen Friedhof in Freiburg im Breisgau.

37 Bank für Arbeiter, Angestellte und Beamte

Märkisches Ufer 34, 10179 Berlin-Mitte, U-Bhf. Märkisches Museum
Karte vorn, D 2

Die drei Dachorganisationen der SPD-nahen Gewerkschaften – Allgemeiner Deutscher Gewerkschaftsbund (ADGB; → S. 85), Allgemeiner freier Angestelltenbund und Allgemeiner Deutscher Beamtenbund – gründeten 1924 ein

Ehemalige Bank für Arbeiter, Angestellte und Beamte

Führende Persönlichkeiten der internationalen Gewerkschaftsbewegung, darunter Theodor Leipart, Vizepräsident des IGB (oben, 2. v. l.); Postkarte, 1926

Finanzinstitut: die Bank für Arbeiter, Angestellte und Beamte, kurz Arbeiter-Bank. 1932 zog die Bank ans Märkische Ufer, in den rückwärtigen Gebäudeteil des in der Wallstraße befindlichen Sitzes des ADGB. Vorrangiges Ziel des Kreditinstituts war es, die Gelder der Gewerkschaften und der ihnen nahestehenden Organisationen sowie vor allem die Spareinlagen der einzelnen Arbeitnehmer bei sich zu konzentrieren, um damit die Ziele der Gewerkschaften zu fördern. Kreditnehmer waren in erster Linie Gewerkschaften und andere Organisationen der Arbeitnehmerschaft.

Wie die Häuser der Freien Gewerkschaften wurde auch die Arbeiter-Bank am 2. Mai 1933 von der SA gestürmt und die Bank im Zuge der Zerschlagung der Gewerkschaften der nationalsozialistischen Deutsche Arbeitsfront (DAF) überlassen. Bis 1945 firmierte sie unter dem Namen »Bank der Deutschen Arbeit« und wurde dann abgewickelt.

Das denkmalgeschützte Gebäude wird heute gewerblich genutzt. Die Tradition der Arbeiter-Bank setzte in der Bundesrepublik unter anderem die Bank für Gemeinwirtschaft fort, die später an einen Finanzkonzern verkauft wurde.

38 Internationaler Gewerkschaftsbund

Köpenicker Str. 113, 10179 Berlin-Mitte, U-Bhf. Heinrich-Heine-Straße
Karte vorn, D 2 ☒
....

Im Sommer 1931 eröffnete der Internationale Gewerkschaftsbund (IGB) in der Köpenicker Straße 113 sein Sekretariat. Der IGB war zu Beginn des 20. Jahrhunderts als loser Dachverband gewerkschaftlicher Landeszentralen entstanden. Carl Legien, seit 1890 Vorsitzender des deutschen Dachverbandes, übernahm ab 1903 die Führung und wurde 1913 Präsident des nun gegründeten IGB. Im Ersten Weltkrieg lag die Arbeit des IGB brach, der anschließend wiedererrichtete Bund nahm bis 1931 Sitz in Amsterdam. Vor allem sozial- und wirtschaftspolitische Forderungen und Richtlinien des Bundes erlangten Bedeutung. Nach der Machtübertragung an die Nazis gab er 1933 seinen Sitz in Deutschland auf und wurde kurz vor dem Ende des Zweiten Weltkrieges aufgelöst. Der 2006 neu gegründete, in Brüssel ansässige IGB ist ein Zusammenschluss mehrerer zuvor selbständig agierender internationaler Dachverbände. Das Gebäude in der Köpenicker Straße wurde im Zweiten Weltkrieg zerstört.

NS-Diktatur

(1933 – 1945)

Widerstand und Verfolgung

Die Gewalt der »nationalsozialistischen Revolution« traf die gesamte Arbeiterbewegung im März/April 1933 unerwartet und wie ein Keulenschlag. Der schnell anwachsende Terror erschreckte durch eine in Deutschland bis dahin nicht gekannte Brutalität. Ereignisse wie die »Köpenicker Blutwoche« trugen zur Einschüchterung der wenigen zum Widerstand Entschlossenen bei.

So zerstritten wie die Arbeiterparteien am Ende der Weimarer Republik waren, so isoliert kämpften sie auch im politischen Untergrund. Aber im Gegensatz zur übergroßen Mehrheit der bürgerlichen Eliten erhoben Sozialisten verschiedenster Richtungen als Erste und durchgehend ihren Protest gegen die Entrechtung und die Aufrüstung zum Krieg. Etwa 10 000 Menschen gerieten deswegen bis 1945 in Berlin in Haft, Hunderte ließen ihr Leben.

Gerade in den frühen Jahren der Diktatur machten sich viele Anhänger der Linken Illusionen über die Stabilität des Regimes, was wiederholt – besonders bei der KPD – zu leichtfertigen Flugblattaktionen und daran anschließenden Verhaftungen führte.

Neben der KPD existierten in der Arbeiterbewegung sehr differenzierte Widerstandsmilieus: parteiübergreifende Betriebszellen, Initiativen der Arbeitersportler, des Internationalen Sozialistischen Kampfbundes und der Sozialistischen Arbeiterpartei Deutschlands, die sich bis in die zweite Hälfte der 1930er Jahre halten konnten, und geheime SPD-Leitungen, die bis 1939 Untergrundschriften aus dem Exil bezogen. Getrennt von diesen Kreisen wirkten noch andere illegale Gruppen, so die Republikschutztruppe »Reichsbanner Schwarz-Rot-Gold« und verschiedene Einzelgewerkschaften. Unabhängig von diesen Aktiven gab es eine weit größere Zahl von NS-Gegnern, die ihre Treue zu den alten Idealen auf politisch weniger riskante Weise bekundeten: Getarnt als Besucher von großen »Sängerfesten« (Neue Welt) oder als harmlose Teilnehmer von Trauerkundgebungen für Genossen (Friedhöfe Baumschulenweg und Friedrichsfelde), kamen Tausende im »stummen Protest« zusammen und wurden dabei argwöhnisch von der Gestapo beobachtet.

Während des Krieges wirkte vor allem der Gewerkschafter Wilhelm Leuschner, der auch die Einigung mit christlichen Verbandsvertretern anstrebte, als zentrale Figur der in den Betrieben verdeckt gegen die Kriegseuphorie und die Unterdrückung agierenden freigewerkschaftlichen Funktionäre. Andere Sozialdemokraten, so die ehemaligen Reichstagsabgeordneten Julius Leber, Theodor Haubach und Carlo Mierendorff sowie der Pädagoge Adolf Reichwein, bemühten sich um einen Brückenschlag zu oppositionellen Persönlichkeiten wie Helmuth James von Moltke (»Kreisauer Kreis«). Leber und Reichwein waren es zudem, die im Vorfeld des 20. Juli 1944 das Gespräch mit führenden Kommunisten (Anton Saefkow, Franz Jacob) suchten, die in mehreren Berliner Betrieben über einen gewissen Anhang verfügten, aber durch einen Spitzel in deren Reihen verraten wurden.

Trotz allem blieben Anhänger der Linken bis zum Schluss bemüht, politisch und »rassisch« Verfolgten beizustehen und das schwere Los von Zwangsarbeitern zu mildern. Obwohl der Widerstand die NS-Diktatur nicht bezwang, half er doch Leben zu retten und die Hoffnung auf die Freiheit zu bewahren.

Hans-Rainer Sandvoß

Der Sozialdemokrat Julius Leber als Angeklagter vor dem Volksgerichtshof in Berlin, 8. August 1944

Brandenburger Tor, Reichstag, Platz der Republik mit Siegessäule und gegenüberliegender Kroll-Oper; Luftaufnahme, 1915

1 Kroll-Oper

Große Querallee (nahe Glockenspielturm), 10557 Berlin-Tiergarten,
U-Bhf. Bundestag
Karte vorn, A1 ⊠

Das 1844 vom Unternehmer Joseph Kroll eröffnete Haus am Rande des Tiergartens war Restaurant und Ausflugsziel, Ort für Konzerte, Opern, Theater und Bälle. Nach dem Brand im Reichstag (→ S. 52) Ende Februar 1933 wurde der nur wenige hundert Meter entfernte große Theatersaal zum Plenarsaal für die Abgeordneten umgebaut. Hier konstituierte sich das am 5. März neugewählte Parlament. Am 23. März 1933 begründete der SPD-Vorsitzende Otto Wels in mutiger Rede das Nein seiner Partei zum Ermächtigungsgesetz mit den Worten: »Freiheit und Leben kann man uns nehmen, die Ehre nicht.« Alle 94 noch anwesenden der insgesamt 120 SPD-Abgeordneten votierten in offener Abstimmung gegen das Gesetz, die Abgeordneten der KPD (→ S. 67) waren bereits ausgeschlossen. Am 1. September 1939 verkündete Hitler in der Kroll-Oper den Überfall auf Polen. Im Zweiten Weltkrieg wurde »Kroll« zerstört, 1951 gesprengt und 1957 letzte Reste abgetragen.

2 Lustgarten

Am Lustgarten, 10178 Berlin-Mitte,
S-Bhf. Hackescher Markt
Karte vorn, C1

Im Frühjahr 1933 versammelten sich mehrfach Mitglieder und Anhänger der SPD, der Freien Gewerkschaften und des republikanischen Schutzbundes »Eiserne Front« im Lustgarten, um gegen die neue Regierung, bestehend aus Nationalsozialisten und Deutschnationalen, zu demonstrieren. Vor 200 000 Menschen rief Otto Wels, Partei- und Fraktionsvorsitzender der SPD, am 7. Februar zu Disziplin und Geschlossenheit gegen die Nazis auf. In Anspielung auf den italienischen Faschistenführer Mussolini betonte er, Berlin sei nicht Rom und bleibe rot. Am 19. Februar, anlässlich der Bundestagung des 1924 gegründeten republikanischen Schutzbundes »Reichsbanners Schwarz-Rot-Gold«, protestierten weit über 10 000 Republiktreue gegen den schon offenen und öffentlichen Terror der Nazis. Immer wieder erklang bei dieser Veranstaltung das von lautstarkem Beifall begleitete Wort »Freiheit«. Es kam zu besonders brutalen Übergriffen der Polizei gegenüber Teilnehmern nach Beendigung der Protestversammlung.

Otto Wels auf einer Kundgebung der »Eisernen Front« im Lustgarten, 6. März 1932

Sozialdemokratische Demonstration im Lustgarten, Januar 1933

3 Köpenicker Blutwoche

Puchanstr. 12, 12555 Berlin-Köpenick,
S-Bhf. Köpenick
Karte hinten, E 4

Im ehemaligen Amtsgerichtsgefängnis
in der Puchanstraße befindet sich
heute die »Gedenkstätte Köpenicker
Blutwoche Juni 1933«. Am 21. Juni
1933, einen Tag vor dem Verbot der
SPD, führte die SA in Köpenick eine
groß angelegte Verhaftungsaktion gegen ihre politischen Gegner, vornehm-
lich Sozialdemokraten, Gewerkschafter
und Kommunisten, durch. Die im Laufe
des Tages von der SA verschleppten
Menschen wurden zunächst in die
Sturmlokale der SA gebracht. Als sich
am Abend Anton Schmaus seiner Verhaftung und der seines Vaters Johann
widersetzte und zwei SA-Männer er-
schoss, eskalierte die Gewalt. In den
SA-Lokalen spielten sich teilweise
bestialische Szenen ab. Später über-
stellte die SA einen Teil der Gefangenen ins Amtsgerichtsgefängnis, wo die
Misshandlungen fortgesetzt und viele
Gefangene ermordet wurden. Nach
heutigem Forschungsstand zählt man
mindestens 24 Opfer. Unter ihnen sind
der ehemalige Ministerpräsident von
Mecklenburg, Johannes Stelling (SPD),
die Mitglieder des »Reichsbanners
Schwarz-Rot-Gold« Richard Aßmann
und Paul von Essen (beide SPD), die
KPD-Mitglieder Götz Kilian und Karl
Pokern sowie Georg Eppenstein, der
jüdischer Abstammung war. Im Andenken an die Todesopfer wurden 1947
mehrere Straßen in Köpenick, in denen
sich die Wohnorte der Toten befanden,
umbenannt, zum Beispiel in Schmausstraße, Pohlstraße, Stellingdamm und
Essenplatz.

4 »Columbia-Haus«

gegenüber Columbiadamm 77, Ecke
Golßener Straße, 10965 Berlin-Tempel-
hof, U-Bhf. Platz der Luftbrücke
Karte vorn, C 4 ⊠

Ab Sommer 1933 nutzte die Gestapo
die leerstehende Berliner Militär-Arrest-
anstalt auf dem Tempelhofer Feld als
Gefängnis für ihr Hauptquartier in der
Prinz-Albrecht-Straße. Im Dezember
1934 wurde das »Columbia-Haus« der
SS unterstellt und erhielt offiziell die
Bezeichnung »Konzentrationslager
Columbia«. Es bestand bis 1936. Die
Haftbedingungen waren grausam, die
hygienischen Verhältnisse, die Verpfle-
gung und die Krankenversorgung er-
bärmlich. Insgesamt waren im »Colum-

Amtsgericht Köpenick, undatiert

Kaserne des Garde-Kürassier-Regiments am Tempelhofer Feld, rechts die Militär-Arrest-anstalt, das spätere Konzentrationslager Columbia, 1905

bia-Haus« mindestens 8000 Männer und auch wenige Frauen eingesperrt. Unter den Häftlingen waren Repräsentanten des öffentlichen Lebens der Weimarer Republik, zum Beispiel die Sozialdemokraten Ernst Heilmann (→ S. 61), Theodor Haubach und Franz Neumann (→ S. 110), die Kommunisten Erich Honecker, Georg Benjamin und Werner Seelenbinder. Robert M. W. Kempner, später Chefankläger der USA bei den Nürnberger Prozessen, war hier ebenso inhaftiert wie der Anwalt und Strafverteidiger Hans Litten, der Rabbiner und Präsident der Reichsvertretung der deutschen Juden Leo Baeck und der Kabarettist Werner Finck. Das Haus wurde 1936 für den Flughafenbau abgerissen. Es befand sich am Ende des heutigen Ostflügels des Gebäudes. Im Rahmen der Umgestaltung des ehemaligen Flughafengeländes wird heute über die Errichtung einer Gedenkstätte nachgedacht.

5 SA-Gefängnis Papestraße
Werner-Voß-Damm 54a, 12101 Berlin-Tempelhof, S-Bhf. Südkreuz
Karte S. 134/135, C 3

Auf dem weitläufigen Kasernengelände an der General-Pape-Straße befand sich von März bis Dezember 1933 ein Gefängnis der »SA-Feldpolizei«, einer Sondereinheit der SA. Im Keller des

Ehemaliges SA-Gefängnis Papestraße

SA-Gefängnisses »Papestraße«, das offiziell als »Schutzhaftlager« diente, wurden mehr als 2000 Menschen inhaftiert, mehrheitlich politische Gegner des Nationalsozialismus. Viele Häftlinge wurden misshandelt und mindestens 20 von ihnen ermordet. Unter den Inhaftierten waren SPD- und KPD-Mitglieder, Gewerkschafter sowie jüdische Ärzte und Rechtsanwälte.

Seit April 2011 ist der Gedenkort Papestraße für die Öffentlichkeit zugänglich. Im Jahre 2013 soll eine Ausstellung zur Geschichte der Haftstätte eröffnet werden. Die Bauten auf dem ehemaligen Kasernengelände stehen unter Denkmalschutz.

Die »Neue Welt«, um 1937

6 »Neue Welt«

Hasenheide 107, 10967 Berlin-
Neukölln, U-Bhf. Hermannplatz
Karte vorn, D 4

. . . .

Die »Neue Welt« war ab den 1860er
Jahren des 19. Jahrhunderts ein weit-
läufiger Biergarten am Rand des
Volksparks Hasenheide. Um 1900 entstand hier ein großer Saal mit fast
2000 Plätzen für Konzerte und Theater-
aufführungen, wo während der Weimarer Republik zahlreiche Veranstaltungen der SPD, KPD und der Gewerkschaften stattfanden. Aber auch der
rechtsextreme »Stahlhelm« und die
NSDAP nutzten die Anlagen für Massenveranstaltungen.
Nach 1933 war die »Neue Welt« Ort
von gut besuchten Musikveranstaltun-
gen, nicht zuletzt versuchten Swing-
Kapellen gegen den Zeitgeist anzuspie-
len. Berliner Sozialdemokraten nutzten
den Saal für scheinbar unpolitische
Zusammenkünfte. So schloss sich Franz
Künstler (→ S. 63) nach seiner Entlassung aus dem Konzentrationslager
Oranienburg den »Berliner Liederfreun-
den« an, die nach 1933 aus zwei Ar-
beiter-Sängerbünden hervorgegangen
waren. Die Liederfreunde organisierten »Sängerfeste«, die 1937 und 1938
auch in der »Neuen Welt« stattfanden.
Die Gestapo beobachtete die für illegale Besprechungen genutzten Treffen,
und im Mai 1938 löste sie die »Berliner Liederfreunde« auf.
1982 wurde die »Neue Welt« vorüber-

Adolf Hitler redet bei einer NSDAP-Versammlung in der »Neuen Welt«, 3. Dezember 1930

Das 1913 errichtete Krematorium Baumschulenweg, um 1930

gehend geschlossen, renoviert und als Einkaufszentrum und Veranstaltungsort wieder eröffnet. Die neue Anlage ist nur noch ein Abglanz alter Pracht.

7 Friedhof Baumschulenweg

Kiefholzstr. 221–228, 12437 Berlin-Treptow, S-Bhf. Baumschulenweg
Karte hinten, D 4

Der Friedhof Baumschulenweg teilt sich in einen älteren und einen ab 1911 angelegten neueren Teil. Sein Zentrum ist der 1999 eingeweihte Krematoriumsneubau von Axel Schultes und Charlotte Frank.
Während der NS-Diktatur war der Friedhof Baumschulenweg Ort »stummer Proteste«. Im Mai 1936 nahmen hier Tausende Anhänger der SPD Abschied von der sozialdemokratischen Reichstagsabgeordneten Clara Bohm-Schuch, die Frauenrechtlerin, Sozialpolitikerin und Mitglied der Weimarer Nationalversammlung gewesen war. Der Vorsitzende der Berliner SPD Franz Künstler (→ S. 63) hielt eine kurze Trauerrede. Diese Gedenkfeier blieb nicht die einzige, mit 3000 bis 4000 Teilnehmern wohl aber die weithin größte und eindrucksvollste Manifestation antinazistischer Gesinnung durch Anhänger der Berliner SPD. So wurden 1937 der frühere Lichtenberger Kreisvorsitzende Fritz Thurm und 1941 der ehemalige Volksbeauftragte und Partei-

sekretär Emil Barth unter großer Anteilnahme von Gesinnungsgenossen am Baumschulenweg beigesetzt. Ein Jahr später starb Franz Künstler an den Folgen der Haft in Konzentrationslagern und an der von den Nazis anschließend erzwungenen schweren körperlichen Arbeit. Die Teilnahme von etwa 1500 Menschen auf seiner Beerdigungsfeier im September 1942, über die mit Ausnahme kleiner Todesanzeigen nur mündlich informiert worden war, zeigte noch einmal auf beeindruckende Weise den Zusammenhalt des Kerns der Berliner SPD während der NS-Diktatur.

8 »Neu Beginnen«

Potsdamer Platz 3–5, 10117 Berlin-Mitte, S- und U-Bhf. Potsdamer Platz
Karte vorn, B 2 ⊘

Auf dem Lenné-Dreieck zwischen Ebert- und Lennéstraße, wo sich heute das Beisheim-Center befindet, stand von 1932 bis 1961 das von Erich Mendelsohn entworfene »Columbushaus« mit Büros und Geschäften auf neun Etagen. Hier hatte die Gruppe »Neu Beginnen« nach der Machtübergabe an Adolf Hitler 1933 ein illegales Büro.
Um 1929 hatte der Kommunist Walter Loewenheim mit einigen Gleichgesinnten eine zunächst namenlose geheime Organisation gebildet, die 1933 nach der gleichnamigen Programmschrift

Columbus-Haus am Potsdamer Platz, 1933; rechts die heutige Ebertstraße

»Neu Beginnen« genannt wurde. Ziel der Gruppe war es, beide großen Arbeiterparteien SPD und KPD (→ S. 67) auf konspirativem Wege zu einer Einheitsfront gegen den Faschismus zu bewegen. Ab 1933 waren Mitglieder von »Neu Beginnen« wesentlich an Widerstandsaktionen gegen das NS-Regime beteiligt und näherten sich nach und nach der SPD an. 1945/46 engagierten sie sich an der Seite der Berliner SPD gegen die Zwangsvereinigung mit der KPD. Anhänger dieser einst leninistischen Organisation zählten in der Nachkriegszeit zu wichtigen Reformern in der SPD, wie Fritz Erler, Waldemar von Knoeringen und Paul Hertz.

sammenkünfte von NS-Gegnern unterschiedlicher Widerstandsgruppen. Über seine Bekanntschaft mit Helmuth James von Moltke stieß Reichwein zum »Kreisauer Kreis«. Ein Treffen von Mitgliedern des Kreises mit führenden Kommunisten wie Franz Jacob und Anton Saefkow in der Köpenicker Straße 76 am 22. Juni 1944, an dem auch Julius Leber (→ S. 101) teilnahm, wurde von einem Spitzel an die Gestapo verraten. Adolf Reichwein wurde nach einem Prozess vor dem Volksgerichtshof am 20. Oktober 1944 in Berlin-Plötzensee gehängt. In dem Gebäude des heutigen Opernpalais befindet sich ein Gastronomiebetrieb.

9 Adolf Reichwein (1899–1944)

Unter den Linden 5, 10117 Berlin-Mitte, U-Bhf. Französische Straße
Karte vorn, C 2

Der Pädagoge und Sozialdemokrat Adolf Reichwein verlor 1933 aus politischen Gründen seine Professur an der Pädagogischen Akademie Halle / Saale und war danach als Volksschullehrer und Museumspädagoge in Berlin tätig. Sein Büro im ehemaligen Prinzessinnenpalais, wo das seinerzeitige Museum für Volkskunde im Trakt zur Oberwallstraße Arbeitsräume hatte, diente als Treffpunkt für illegale Zu-

Adolf Reichwein, 1933

Prinzessinnenpalais, in dem Adolf Reichwein zeitweilig sein Büro hatte, 1943

10 Julius Leber (1891–1945)
Torgauer Str. 20, 10829 Berlin-
Schöneberg, S-Bhf. Schöneberg
Karte S. 134/135, C 3

Der im Elsass geborene Julius Leber
trat bereits 1912 in die SPD ein. Er
wurde im Ersten Weltkrieg zweimal
verwundet und mehrfach ausgezeich-
net. Nach dem Krieg wirkte er als Redakteur und Politiker in Lübeck, wo
er sich als vehementer Verteidiger der
Republik verdient machte. Nach 1933
wurde er in Gefängnissen und Konzentrationslagern inhaftiert. 1937 entlassen, hielt sich der unter Beobachtung
stehende Leber politisch zunächst
zurück, besprach sich aber mit politischen Freunden. Seinen Lebensunterhalt verdiente er mit einer Kohlenhand-
lung in der Torgauer Straße. Der Ort
war zugleich Treffpunkt für illegale Zusammenkünfte mit politischen Freunden. 1943 schloss sich Leber dem aktiven Widerstand der Verschwörer des

Julius Leber, 1927

20. Juli 1944 an. Bei einem Erfolg
der Widerstandsgruppe wäre er Innenminister geworden. Nach dem geschei-
terten Attentat auf Adolf Hitler wurde
Julius Leber vom Volksgerichtshof
zum Tode verurteilt und am 5. Januar
1945 in Berlin-Plötzensee hingerichtet. Das Gelände in der Torgauer
Straße wird heute nicht mehr gewerblich genutzt; am historischen Ort soll
ein Denkzeichen für Julius Leber ent-
stehen.

Wilhelm Leuschner, 1932

Käthe Schuftan, 1938

11 Wilhelm Leuschner (1890–1944)
Eisenbahnstr. 5, 10997 Berlin-
Kreuzberg, U-Bhf. Görlitzer Bahnhof
Karte vorn, E 3

Im Hof des Mietshauses in der Eisen-
bahnstraße unterhielt Wilhelm Leuschner während der NS-Diktatur ein Unternehmen für Apparatebau und Leicht-
metallveredelung. Da die Produktion
kriegswichtig war, konnte er sich relativ ungehindert bewegen und auch außerhalb Berlins wichtige Kontakte zum
illegalen Widerstand knüpfen. Schon
in jungen Jahren war der gelernte Holz-
bildhauer gewerkschaftlich und politisch in der SPD aktiv, 1928 wurde er
Innenminister in Hessen. Er gehörte
früh zu den konsequenten Gegnern der
aufkommenden NS-Bewegung. So veröffentlichte er 1931 die »Boxheimer
Dokumente«, ein internes Papier, das
viele Gewaltpläne der NSDAP offen-
barte. 1933 wurde Leuschner, zu diesem Zeitpunkt Vorstandsmitglied des
Allgemeinen Deutschen Gewerkschaftsbundes (ADGB; → S. 85), verhaftet und
für ein Jahr eingekerkert. Mit anderen
früheren ADGB-Funktionären bemühte
er sich, ein informelles Netz unter
Einschluss christlich-sozialer Kreise
zu knüpfen. Nach dem fehlgeschlage-
nen Attentat auf Adolf Hitler vom
20. Juli 1944 wurde Leuschner, den
die Verschwörer als Vizekanzler

vorgesehen hatten, in einem Schau-
prozess verurteilt und am 29. September desselben Jahres im Gefängnis
Berlin-Plötzensee hingerichtet. Das
kleine Fabrikgebäude in der Eisen-
bahnstraße wird noch heute gewerblich genutzt.

12 Käthe Schuftan (1899–?)
zwischen Loschmidtstr. 4 und 10,
10587 Berlin-Charlottenburg,
U-Bhf. Richard-Wagner-Straße
Karte hinten, B 3

Auf dem Gelände der heutigen Jugend-
verkehrsschule in der Loschmidtstraße
befand sich bis 1933 ein »Volkshaus«
der Arbeiterbewegung. Die SA besetzte
das Haus und richtete hier eine Folter-
stätte ein. Zu den Gefangenen gehörte
Käthe Schuftan. Die junge Malerin
hatte sich an der illegalen Arbeit der
linken Sozialistischen Arbeiterpartei
Deutschlands (SAP; → S. 65) beteiligt, deren Anhänger sich 1931 von
der SPD abgespalten hatten und zu denen mehrere unabhängige Sozialisten
stießen. Angesichts des Vordringens
der NSDAP forderten sie eine Einheitsfront der Arbeiter. 1933 zählte die SAP
zu den aktivsten Widerstandskräften
der Linken und verbreitete viele Untergrundschriften.
Käthe Schuftans politischer Freund,
der Breslauer Rechtsanwalt Ernst

Eckstein, wurde ein frühes Opfer des Mordterrors der Nazis. Sie selbst geriet mit vielen anderen im November 1933 in Haft und wurde von der SA gefoltert. Schwer gezeichnet, konnte sie nach der Strafverbüßung nach England entkommen. Käthe Schuftan überlebte die NS-Zeit, über ihren weiteren Lebensweg ist nichts bekannt. Andere Leidensgenossen – wie der grausam misshandelte Organisationsleiter der Berliner SAP Günther Keil sowie drei junge Frauen – erlagen nach der Kerkerzeit, auch in der Loschmidtstraße, den Folgen der Qualen.

Ella Trebe, undatiert

13 Ella Trebe (1902–1943)
Togostr. 78, 13351 Berlin-Wedding, U-Bhf. Seestraße
Karte hinten, Detailkarte 1

In dem Mietshaus in der Togostraße 78 wohnte bis zu ihrer Verhaftung durch die Nazis 1943 die Arbeiterin Ella Trebe, die von 1929 bis 1933 als KPD-Bezirksverordnete in Wedding und als Vertrauensfrau in ihrem Betrieb gewerkschaftlich aktiv war.
Nach 1933 wirkte sie im Widerstand bei der Reinickendorfer Firma Teves und danach in verschiedenen Initiativen der illegalen KPD mit. So erfuhr sie 1941/42 auch von dem Massenmord an sowjetischen Häftlingen im Konzentrationslager Sachsenhausen und gab diese Schreckensmeldung weiter. Zuletzt half sie, Ernst Beuthke Unterschlupf und Verbindungen zu verschaffen – einem Auslandsbeauftragten kommunistischer Exil-Kreise, der mit dem Fallschirm über Deutschland abgesprungen war. Sie und andere Helfer aus dem Norden Berlins, darunter die Funktionärin des Internationalen Sozialistischen Kampfbundes Charlotte Hundt und mehrere Familienmitglieder, wurden deswegen festgenommen und im August 1943 zusammen mit 14 anderen Menschen auf Befehl von SS-Führer Heinrich Himmler im Konzentrationslager Sachsenhausen erschossen.

Charlottenburger Volkshaus, undatiert

Das geteilte und wieder vereinte Berlin

(1945 bis heute)

Zwangsvereinigung 1946

Die Wiedergründung der Berliner SPD nach Kriegsende ging von einer Gruppe früherer Sozialdemokraten um Otto Grotewohl aus. Nachdem im Mai 1945 Versuche, eine einheitliche Arbeiterpartei ins Leben zu rufen, am hinhaltenden Widerstand der Kommunisten gescheitert waren, rief diese Gruppe im Juni 1945 als »Zentralausschuss« zur Gründung der SPD in Berlin auf. Im Sommer 1945 war fast überall in der Stadt der organisatorische Aufbau der Partei abgeschlossen. Noch im Herbst 1945 wuchsen in den Reihen der Sozialdemokraten die Vorbehalte gegenüber der KPD. Die »Einheits-Euphorie« war fast überall verflogen. Die Mehrheit im SPD-Zentralausschuss begann jedoch, dem Druck der KPD nachzugeben, und stimmte schließlich einer Vereinigung von SPD und KPD in der Sowjetischen Besatzungszone und in Berlin zu.

Viele Berliner Sozialdemokraten wollten eine Zwangsvereinigung nicht mitmachen. Sie begannen in Berlin eine – freilich nur in den drei Westsektoren durchgeführte – Urabstimmung unter den Mitgliedern zu organisieren. Der Erfolg gab ihnen recht: Mehr als 82 Prozent der abstimmenden Sozialdemokraten lehnten am 31. März 1946 einen sofortigen Zusammenschluss ab, zugleich aber stimmten 62 Prozent für ein Bündnis beider Parteien.

Die sowjetische Besatzungsmacht, die KPD und auch die zur Vereinigung entschlossenen Mitglieder des SPD-Zentralausschusses setzten sich über den Willen der SPD-Basis hinweg. Am 20. und 21. April 1946 wurde im Admiralspalast in Berlin-Mitte die Vereinigung der SPD mit der KPD zur Sozialistischen Einheitspartei Deutschlands (SED) beschlossen. Schikanen und Zwang, Verhaftungen und Verschleppungen sollten den Widerstand dagegen brechen.

Nach der Urabstimmung waren die Mitglieder der SPD in Berlin, besonders in Ostberlin, zunächst sehr verunsichert. In den drei Westsektoren war diese Unsicherheit schnell überwunden, da dort die Parteiorganisation intakt geblieben war. In Ostberlin galt das nicht für alle Kreise. Dennoch wählten noch im April 1946 die Vereinigungsgegner aus allen vier Sektoren in der Zinnowwaldschule in Berlin-Zehlendorf auf dem 2. Landesparteitag der Berliner SPD einen neuen Bezirksvorstand mit Franz Neumann an der Spitze. Sie schufen damit die Voraussetzung für eine in ganz Berlin politisch aktive, selbständige Berliner Sozialdemokratie.

Nach kurzem Zögern erlaubte die Alliierte Kommandantur Ende Mai 1946 beiden Parteien – SPD und SED – »innerhalb der Stadtgrenzen von Groß-Berlin« (d. h. in allen vier Sektoren der Stadt) politisch tätig zu sein. Der Aufbau der SPD stieß im Ostsektor auf erhebliche Schwierigkeiten. Eine große Zahl von Sozialdemokraten fand jedoch schnell wieder zur Partei zurück, und die Parteiorganisation war bis Ende 1946 in allen vier Sektoren wieder voll funktionsfähig.

Zu der Stabilisierung hatte der Sieg der SPD bei der Wahl zur Berliner Stadtverordnetenversammlung am 20. Oktober 1946 beigetragen. Die SPD hatte in ganz Berlin mehr als 48 Prozent der Stimmen erhalten. Auch in Ostberlin war sie in allen Bezirken stärkste Partei geworden (im Ostberliner Durchschnitt: 43,6 %) und stellte dort überall die Bezirksbürgermeister. Die Zahl der Mitglieder nahm in beeindruckendem Maße zu: Im September 1947 erreichte sie in ganz Berlin mit fast 56 000 ihren höchsten Stand.

Siegfried Heimann

Ernst Reuter: Ansprache »An die Völker der Welt«, 9. September 1948

1 Hotel »Deutscher Hof«

Luckauer Str. 15, 10969 Berlin-Kreuzberg, U-Bhf. Moritzplatz
Karte vorn, D 3

Das Hotel »Deutscher Hof« in der Luckauer Straße, ausgestattet mit einem pompösen »Apollosaal« aus kaiserlicher Zeit, war schon während der Weimarer Republik ein beliebter Ort für sozialdemokratische Parteiversammlungen. In dem stark zerstörten Hotel fand im Juni 1945 in einem »fensterlosen Saal« die Wiedergründung der Berliner SPD statt. Die Ruine wurde später abgerissen; heute erinnert nur eine Baulücke an diesen historischen Ort.

Die Wiedergründung der Berliner SPD nach Kriegsende 1945 ging von einer Gruppe früherer Sozialdemokraten um Otto Grotewohl (→ S. 108) aus. Sie rief am 15. Juni 1945 als »Zentralausschuss« (→ S. 106) zur Neugründung der Partei in Berlin auf. Auf der ersten »Funktionärskonferenz« am 17. Juni 1945 im »Deutschen Hof« wurde der »Zentralausschuss« bestätigt und der Gründungsaufruf einstimmig gebilligt. Der vielen Berliner Sozialdemokraten bis dahin unbekannte Otto Grotewohl überzeugte durch seine Rhetorik und war als Parteiführer zunächst unbestritten.

Die »Funktionärsversammlung« war in erster Linie eine große Wiedersehensfeier. Innerhalb von zwei Tagen hatte sich die Einladung dazu durch Mundpropaganda und wenige Handzettel herumgesprochen, und rund 1000 Sozialdemokraten hatten den – oft beschwerlichen – Weg durch das zerstörte Berlin nach Kreuzberg gefunden.

2 Zentralausschuss der SPD

Behrenstr. 35 – 37, 10117 Berlin-Mitte, U-Bhf. Französische Straße
Karte vorn, C 2

Der 1897 fertiggestellte Bau im Stil der italienischen Neorenaissance in der Behrenstraße war bis 1945 die Geschäftszentrale der Dresdner Bank. 1945/46 hatten hier der »Zentralausschuss« der SPD und der SPD-Bezirksvorstand Berlin ihren Sitz. In den weitläufigen, aber stark zerstörten Gebäuden, auch »Parteihaus« genannt, waren zudem Redaktion und Verlag der SPD-Zeitung *Das Volk* und für wenige Wochen die Redaktion der Nachfolgezeitung *Sozialistische Einheit* untergebracht. Nach der SED-Gründung im April 1946 übernahm die Bezirksleitung der SED das Haus, während die Führung der vereinigten Partei in die heutige Torstraße umzog. Ab 1957 nutzte die Staatsbank der DDR das Gebäude, nach 1990 fanden hier wieder Banken und ein Hotel ihren Platz. Der »Zentralausschuss«, mit Otto Grotewohl (→ S. 108) und Max Fechner

Der »Apollo-Saal« des Hotels »Deutscher Hof«; Postkarte, 1920er Jahre

Gebäude Behrenstraße 35–37, in dem 1945/46 der Zentralausschuss der SPD und der SPD-Bezirksvorstand Berlin ihren Sitz hatten

an der Spitze – der eine später in der DDR Ministerpräsident, der andere Justizminister, bis er nach dem Arbeiteraufstand 1953 (→ S. 116) in Ungnade fiel –, hatte sich im Juni 1945 als vorläufige Parteiführung der wiedergegründeten SPD gebildet. Im Folgemonat zog er auf Druck der sowjetischen Besatzungsmacht aus der Bülowstraße im amerikanischen Sektor in die Behrenstraße im sowjetischen Sektor um. In den notdürftig instand gesetzten Gebäuden konnte die SPD zunächst nur wenige Räume nutzen. Im Februar und März 1946 fanden hier die Verhandlungen des »Zentralausschusses« mit der KPD über eine Vereinigung beider Parteien statt (→ S. 105), und der gemeinsame »Organisationsausschuss« von SPD und KPD tagte hier, um die SED-Gründung vorzubereiten.

3 »Prater«

Kastanienallee 7–9, 10435 Berlin-Prenzlauer Berg, U-Bhf. Eberswalder Straße
www.pratergarten.de
Karte hinten, Detailkarte 1

. . . .

Der Mitte des 19. Jahrhunderts eröffnete »Prater« in der Kastanienallee ist einer der ältesten Biergärten Berlins. 1946 zog kurzfristig die Volksbühne

Delegiertenkarte für die Berliner Bezirkskonferenz der SPD im »Prater« am 25. November 1945

hier ein, die die Säle seit 1995 erneut als zweite Bühne nutzt.

Am 25. November 1945 kamen im »Prater« die Delegierten der Berliner SPD zu ihrer 1. Bezirkskonferenz (Landesparteitag) zusammen. Neben Max Fechner vom »Zentralausschuss« (→ S. 106), der 1946 zur SED ging, sprach auch die spätere Oberbürgermeisterin Louise Schroeder (→ S. 121). Von den beiden gewählten Vorsitzenden wurde Hermann Harnisch kurzzeitig Mitglied der SED. Werner Rüdiger blieb Sozialdemokrat und musste mehrere Jahre im Zuchthaus Bautzen zubringen. Die Delegierten des 1. Landesparteitages bekannten sich im »Prater« zwar zu einer einheitlichen deutschen Arbeiterpartei, aber erst dann, wenn »durch freien und freudigen Beschluss diese Vereinigung zustande kommt«. Eine Zwangsvereinigung war für sie ausgeschlossen.

Der sanierte Admiralspalast in der Friedrichstraße, in dem im April 1946 die Sozialistische
Einheitspartei Deutschlands gegründet wurde

4a Admiralspalast

Friedrichstr. 101, 10117 Berlin-Mitte,
S- und U-Bhf. Friedrichstraße
www.admiralspalast.de
Karte vorn, B 1

Der Admiralspalast in der Friedrichstraße war schon seit Ende des
19. Jahrhunderts ein traditionsreicher
Veranstaltungsort, in dem nach mehr-
fachem Umbau ab 1939 das Metropol-
theater residierte (erneut von 1955 bis
1998). 1945 fand hier auch die Deutsche Staatsoper für einige Jahre ihre
Spielstätte, weswegen der Admiralspalast bei Veranstaltungen oft unter
dem Namen Staatsoper firmierte. Im
Vorderhaus befanden sich das Haus
der Presse und das Kabarett »Die
Distel«.
Nach dem Ende der NS-Diktatur 1945
war der Admiralspalast auch ein Ort
politischer Großveranstaltungen. Am
1. März 1946 fand hier eine Funktionärsversammlung der Berliner SPD mit
über 2000 Teilnehmern statt. Diese
beschloss mit großer Mehrheit eine
Urabstimmung über die vom Zentralausschuss (→ S. 106) der SPD geplante »Verschmelzung« von SPD und
KPD (→ S. 105) zu einer Einheitspartei. Sie sah darin eine Zwangsvereinigung. Die Mehrheit der Berliner Sozial-

demokraten dachte ebenso, wie das
Ergebnis der im Westteil der Stadt
durchgeführten Urabstimmung zeigte.
Mehr als 82 Prozent der Abstimmen-
den lehnten eine Vereinigung ab.
Aber auch für die Befürworter eines
Zusammenschlusses war der Admiralspalast ein historischer Ort. Am 21. und
22. April 1946 beschlossen hier mehr
als 1000 Delegierte von KPD und SPD
die Vereinigung beider Parteien zur
Sozialistischen Einheitspartei Deutschlands (SED) mit Wilhelm Pieck und
Otto Grotewohl (→ S. 108) an der
Spitze. Der Handschlag der beiden
Parteivorsitzenden symbolisierte die
Illusionen vieler ehemaliger Sozialdemokraten in der SED über ihre
gleichberechtigte Mitarbeit in einer
stalinistischen Kaderpartei.

4b Otto Grotewohl (1894–1964)

Admiralspalast, Friedrichstr. 101,
10117 Berlin-Mitte, S- und U-Bhf.
Friedrichstraße
Karte vorn, B 1

Der in Braunschweig geborene gelernte
Buchdrucker Otto Grotewohl trat 1912
in die SPD ein, wechselte 1918 zur
USPD (→ S. 46) und kehrte 1922, inzwischen Braunschweiger Landtags-
abgeordneter und kurzzeitig Minister für

Otto Grotewohl bei seiner Rede auf dem 1. Bundeskongress des Freien Deutschen Gewerkschaftsbundes im Admiralspalast, 11. Februar 1946

Volksbildung, in die SPD zurück. Von 1925 bis 1933 Mitglied des Reichstages, arbeitete er ab 1926 als Präsident der Landesversicherungsanstalt Braunschweig. Nach seiner Entlassung 1933 zog er mit seiner Familie nach Hamburg und 1938 nach Berlin. Mehrfach verhaftet, erlebte er das Kriegsende in Berlin. Mit anderen Sozialdemokraten rief Grotewohl am 15. Juni 1945 zur Gründung der SPD auf und wurde zusammen mit Max Fechner zu einem der führenden Sprecher des »Zentralausschusses« (→ S. 106) der SPD.

Grotewohl wünschte die Einheit der wiedergegründeten Arbeiterparteien, lehnte aber bis zum Jahresende 1945 einen sofortigen Zusammenschluss von SPD und KPD (→ S. 105) ab, da er sich eine Vereinigung nur nach einer Zustimmung der Mitglieder auf einem Parteitag vorstellen konnte. Zum Beginn des Jahres 1946 begann Grotewohl jedoch dem Druck von KPD und sowjetischer Besatzungsmacht nachzugeben und stimmte schließlich einer Verschmelzung der Parteien zu, obwohl viele Sozialdemokraten darin eine Zwangsvereinigung sahen. Auf dem »Vereinigungsparteitag« im Admiralspalast (→ S. 108) im April 1946 wurde Grotewohl zusammen mit Wil-

helm Pieck zu einem der beiden Vorsitzenden der so entstandenen Sozialistischen Einheitspartei Deutschlands (SED) gewählt. Ab Ende 1949 Ministerpräsident der DDR, verlor Grotewohl bald an politischem Einfluss. 1960 erkrankte er schwer und starb im September 1964. Er ist in der Gedenkstätte der Sozialisten (→ S. 31) beigesetzt.

5 Zinnowwald-Schule

Wilskistr. 78, 14163 Berlin-Zehlendorf, U-Bhf. Krumme Lanke
Karte hinten, B 4

Die um 1930 erbaute Zinnowwald-Schule wurde kurz nach Kriegsende noch als Krankenhaus genutzt. In der Schulaula fand im April 1946 der 2. Landesparteitag der Berliner SPD statt. Nach der Urabstimmung gegen eine »Verschmelzung« mit der KPD kamen die Gegner einer Zwangsvereinigung am 7. April 1946 in der Zinnowwald-Schule zusammen, um die Weiterexistenz als SPD zu dokumentieren. Die rund 500 Delegierten fanden kaum Platz. Sie wählten einen neuen Bezirksvorstand mit Franz Neumann (→ S. 110) an der Spitze. Damit schufen sie die Voraussetzung für eine selbständige Berliner Sozialde-

Zinnowwald-Schule

mokratie, die bis 1961 in allen vier Sektoren Berlins mit Lizenz der vier Alliierten politisch aktiv war.
Das denkmalgeschützte Gebäude in der Wilskistraße wird noch heute als Grundschule genutzt.

6 Franz Neumann (1904–1974)

Moorweg 10, 13509 Berlin-Reinickendorf, Busstationen Mühlenfeldtstraße und Jugendherberge
Karte hinten, B 2

Im Moorweg in der im Ortsteil Tegel gelegenen Siedlung »Freie Scholle« lebte der langjährige Vorsitzende der Berliner SPD, Franz Neumann. Er wurde 1904 als Kind einer Arbeiterfamilie in Berlin-Friedrichshain geboren. Als gewerkschaftlich organisierter Schlosser trat er 1920 in die SPD ein. Er bildete sich weiter und arbeitete als Jugendfürsorger beim Berliner Magistrat. 1933 verlor er seine Stelle. 1934 verhaftet, verurteilte ihn das Berliner Kammergericht zu eineinhalb Jahren Gefängnis, weil er versucht habe, den »organisatorischen Zusammenhalt der SPD aufrechtzuerhalten«. Nach seiner Freilassung blieb er unter Polizeiaufsicht, hielt aber dennoch den Kontakt zu seinen Genossen in der Wohnsiedlung »Freie Scholle«.

Franz Neumann bei der Maikundgebung 1948 vor dem Reichstagsgebäude

1945 war er führend an der Wiedergründung der SPD in Berlin beteiligt. In der Auseinandersetzung der Berliner SPD mit der KPD (→ S. 67) wurde Neumann um die Jahreswende 1945/46 in ganz Berlin bekannt. Er organisierte 1946 die Urabstimmung gegen die Zwangsvereinigung mit der KPD. Von 1946 bis 1958 war er Vorsitzender der Berliner SPD, zudem langjähriges Mitglied des Berliner Abgeordnetenhauses und des Deutschen Bundestages. Der Ehrenbürger Berlins liegt auf dem Waldfriedhof Zehlendorf (→ S. 130) begraben.

7 Neues Stadthaus

Parochialstr. 1/3, 10179 Berlin-Mitte,
U-Bhf. Klosterstraße
Karte vorn, D 2

In dem 1938 in der Parochialstraße errichteten Gebäude trafen sich ab Mai 1945 ehemalige Gewerkschaftsfunktionäre, die vor der NS-Diktatur in weltanschaulich unterschiedlich orientierten Verbänden aktiv waren, um über den Aufbau einer gemeinsamen Organisation zu beraten. Einen Monat später gründeten sie als einheitliche Interessenvertretung den Freien Deutschen Gewerkschaftsbund (FDGB) Groß-Berlin. Die zunehmende Vereinnahmung des Bundes durch die SED führte jedoch zur Spaltung und 1948 zur Gründung der Unabhängigen Gewerkschaftsorganisation (→ S. 112). Ebenfalls 1948, während der Berlin-Blockade, kam es zur politischen Spaltung Berlins; sie vollzog sich symbolisch in dem im sowjetischen Sektor der Stadt gelegenen Gebäude, nun »Neues Stadthaus« genannt, wo die erste, im Oktober 1946 gewählte Stadtverordnetenversammlung ihren Sitz hatte.

Aus den Wahlen war die SPD mit mehr als 48 Prozent als stärkste Fraktion hervorgegangen, die SED bildete mit knapp 20 Prozent die drittstärkste Fraktion. Die politischen Differenzen zwischen der SED auf der einen und den übrigen Parteien auf der anderen Seite spitzten sich zu. Ab Juni 1948 kam es zu Tumulten und massiven Übergriffen vor und im Parlament. Schließlich verließen am 6. September 1948 die meisten Abgeordneten der anderen Parteien die Sitzung und zogen in den Westteil der Stadt um. Das im Dezember 1948 in den Westsektoren gewählte Parlament tagte von nun an im Rathaus Schöneberg (→ S. 123).

Bis 1990 nutzte hauptsächlich der Magistrat Ostberlins das Neue Stadthaus. Heute ist in dem denkmalgeschützten Gebäude unter anderem das Standesamt des Bezirks Mitte untergebracht.

Tumult vor dem Neuen Stadthaus während der Sitzung der Stadtverordnetenversammlung, 23. Juni 1948

Nürnberger Straße 50–55, bis 1951 Sitz der Unabhängigen Gewerkschaftsorganisation bzw. des DGB Berlin

8 Unabhängige Gewerkschaftsorganisation

10789 Berlin-Schöneberg, Nürnberger Str. 50–55, U-Bhf. Wittenbergplatz
Karte S. 134/135, B 1

Im August 1948 konstituierte sich in Berlin die Unabhängige Gewerkschaftsorganisation Groß-Berlin (UGO) und bezog kurze Zeit später die im amerikanischen Sektor gelegenen Büros in der Nürnberger Straße. Die UGO verstand sich als »Rechtsnachfolgerin« des Freien Deutschen Gewerkschaftsbundes (FDGB) Groß-Berlin, der seinen Sitz im sowjetischen Sektor der Stadt hatte und von der SED zunehmend vereinnahmt wurde. Treibende Kräfte bei der Trennung vom FDGB waren der SPD nahestehende oppositionelle Gewerkschafter.

Angesichts der politischen Spaltung Berlins (→ S. 111) konnte die UGO ihren Anspruch, in »Groß-Berlin« zu agieren, nicht verwirklichen. Sie musste sich weitgehend auf Westberlin beschränken und beschloss im Juli 1950 die Umwandlung in den Landesbezirk Berlin des DGB. Er zog 1951 in die Schlüterstraße 45 (heute Hotel »Bogota«) und 1961 in die Keithstraße 1–3. Der in der Nürnberger Straße zwischen 1928 und 1931 von Richard Bielenberg und Josef Moser im Stil der Neuen Sachlichkeit entworfene Bau mit seiner 150 Meter langen markanten Fassade steht unter Denkmalschutz und wird als Hotel genutzt.

Karikatur zur Gewerkschaftsopposition in der FDGB-Zeitung »Tribüne«, 14. Juni 1948

Die SPD in Ostberlin

Auch Berliner Sozialdemokraten ist es oft nicht bekannt, dass die SPD bis Mitte 1961 in Ostberlin legal tätig war. Aufgrund des alliierten Status der Stadt war die SPD ab Mitte 1946 auch im sowjetischen Sektor wieder als Partei offiziell zugelassen und in allen (damals) acht Ostberliner Bezirken als Teil der Berliner Landesorganisation politisch aktiv. Die Arbeit der Partei wurde – verstärkt nach 1948 – von der sowjetischen Besatzungsmacht und von der SED behindert, das Bekenntnis der Mitglieder zur SPD führte zu Schikanen, Verfolgungen und zu Verhaftungen. Ein großer Teil des Organisationslebens fand in Westberlin statt. Redner aus den Westsektoren erhielten für ein Auftreten in Ostberlin oft keine Erlaubnis oder mussten die Manuskripte ihrer Reden vorher bei der sowjetischen Bezirkskommandantur einreichen.

Das Wechselspiel der Ostberliner Behörden und der SED im Umgang mit der SPD – mal Umarmungsstrategie, mal Terror oder auch beides zugleich – folgte den Zäsuren in der DDR-Geschichte, die wiederum wesentlich von der Politik der Sowjetunion geprägt waren. Der davon bestimmte Umgang mit dem »Sozialdemokratismus« in den eigenen Reihen hatte auch Auswirkungen auf die Politik gegenüber der Sozialdemokratie in der Bundesrepublik einschließlich Westberlins.

Es kam immer wieder zu Schikanen gegen einzelne Sozialdemokraten und gegen die SPD als Organisation. Manipulierte oder gefälschte Zustimmungserklärungen zu politischen Aktivitäten der SED sollten Mitglieder zum Parteiaustritt bewegen. Verleumdungen von führenden Sozialdemokraten sollten sie zum Verlassen von Ostberlin veranlassen. Und schließlich gab es jedes Jahr auch Verhaftungen und Verurteilungen von Ostberliner Sozialdemokraten, die dennoch aktiv am Organisationsleben der Gesamtpartei teilnahmen. Immerhin vertraten ab 1953 mit Kurt Neubauer und Gretel Berger-Heise zwei einflussreiche Kreisvorsitzende mit Wohnsitz im Ostteil der Stadt die Interessen der Ostberliner SPD-Mitglieder im Bundestag. Auch im Westberliner Abgeordnetenhaus waren Ostberliner Sozialdemokraten vertreten. Immer wieder besuchten führende Funktionäre der Westberliner SPD die östlichen Kreisbüros, referierten in Abteilungsversammlungen oder suchten den jeweiligen Kreisvorstand mit einem Gast aus der Bundesrepublik auf.

Mitte 1961 bekannten sich noch mehr als 5000 Sozialdemokraten in Ostberlin zur SPD (rund 12 % aller Berliner Mitglieder). Nach dem Beginn des Mauerbaus in Berlin beschloss der Berliner Landesvorstand am 23. August 1961, die acht SPD-Kreisorganisationen in Ostberlin aufzulösen, da die gemeinsame politische Arbeit in einem Landesverband nicht mehr möglich war. Die SPD gab jedoch ihren Anspruch, auch in Ostberlin wieder politisch aktiv zu werden, nie auf. Der Zusammenhalt der Ostberliner Sozialdemokraten blieb erhalten. Man traf sich in kleinen Freundeskreisen, machte gemeinsame Feiern und Ausflüge. Sie waren eine »Solidargemeinschaft« geblieben, die freilich immer kleiner wurde.

Die Gründer der SDP in der DDR überlegten im Sommer 1989 kurzzeitig, die SPD in Ostberlin wiederzubeleben. Sie verwarfen diese zumindest juristisch bestehende Möglichkeit, weil sie aus eigener Kraft in der ganzen DDR politisch als Partei auftreten wollten. Dennoch beriefen sich rund 600 Sozialdemokraten auf ihre frühere Mitgliedschaft in der Ostberliner SPD, als sie 1989/90 wieder in die SDP/SPD eintraten.

Siegfried Heimann

9 SPD-Kreisbüro Friedrichshain

Krossener Str. 22, 10245 Berlin-Friedrichshain, U-Bhf. Samariterstraße
Karte hinten, Detailkarte 2

In der Krossener Straße am Boxhagener Platz befand sich bis Mitte 1961
das Kreisbüro der SPD Friedrichshain.
Die Berliner SPD war bis zum 23. August 1961 auch in Ostberlin politisch
tätig. Immer wieder besuchten führende Funktionäre der Berliner SPD
die Ostberliner Büros, um an Versammlungen teilzunehmen und zu referieren.
Im August 1960 kam der Regierende
Bürgermeister und SPD-Landesvorsit-
zende Willy Brandt (→ S. 124) in die
Krossener Straße. Der Besuch bereitete
der Ostberliner Polizei und Staats-
sicherheit einiges Ungemach, da er
von den zuständigen »Organen« unbemerkt geblieben war. Ein Bericht zweier
im Kreisbüro anwesender SED-Funktio-
näre löste großes Erstaunen aus, da
weder die »Einreise« der Sozialdemokraten nach Ostberlin – immerhin in
zwei Mercedes-Limousinen mit Westberliner Kennzeichen – noch der Auf-
enthalt in Friedrichshain bemerkt worden war. Am 13. August 1961 besuchte
der spätere Regierende Bürgermeister
Klaus Schütz das Kreisbüro, am 17. August fand hier die letzte Mitgliederver-
sammlung statt, und am 19. August
wurde es von der Volkspolizei versie-
gelt. Friedrichshainer Sozialdemokraten trafen sich, überwacht von der
Polizei, künftig in ihren Wohnungen.
Die Räume am Boxhagener Platz werden heute gewerblich genutzt.

10 Anna Nemitz (1873–1962)

Schmausstr. 38, 12555 Berlin-
Köpenick, S-Bhf. Köpenick
Karte hinten, E 3

In der ehemaligen Alten Dahlwitzer
Straße in Köpenick wohnte ab 1924
bis zu ihrem Tode die langjährige SPD-
Reichstagsabgeordnete Anna Nemitz.
Sie war als 20-Jährige 1893 der SPD
beigetreten und lebte ab 1911 in Berlin. 1918 gehörte sie als einzige Frau
dem Charlottenburger Arbeiter- und
Soldatenrat an. Bis 1922 Mitglied der
Unabhängigen Sozialdemokratischen
Partei Deutschlands (→ S. 46), war
sie danach bis 1933 im SPD-Parteivorstand. Während der Nazi-Zeit führte
sie mit ihrer Tochter Elfriede ein Ge-

Willy Brandt beim Besuch des SPD-Kreisbüros Friedrichshain, 25. August 1960

Anna Nemitz, Mitglied des Berliner Abgeordnetenhauses, 1958

Gisela Mannheim, später verheiratete Mießner, 1946

schäft für Nähbedarf, das Treffpunkt für widerständige Sozialdemokraten wurde.

Nach dem Zweiten Weltkrieg gründete Anna Nemitz in Köpenick die SPD mit und blieb Mitglied trotz Drangsalierungen durch die SED. Sie war ab 1946 Berliner Stadtverordnete und ab 1951 Mitglied des Abgeordnetenhauses, und zwar mit beratender Stimme als Vertreterin der an den Wahlen gehinderten Ostberliner. Als sie 1962 starb, trennte die Berliner Mauer bereits die beiden Stadthälften. Im Krematorium des Friedhofes Baumschulenweg (→ S. 99) im Ostteil fand ihre Einäscherung statt, und erst Wochen später wurde ihre Urne auf dem Waldfriedhof Zehlendorf (→ S. 130) in Westberlin beigesetzt. Heute ist eine Brücke nach ihr benannt, die die Bezirke Treptow-Köpenick und Neukölln verbindet.

11 Gisela Mießner (1925 – 2006)
Gudrunstr. 10, 10365 Berlin-Lichtenberg, S- und U-Bhf. Lichtenberg
Karte hinten, Detailkarte 2

Noch heute erinnern sich Zeitzeugen an den leuchtenden blauen SPD-Schriftzug im Erdgeschossfenster an der stumpfen Gebäudeecke des Hauses Gudrunstraße 10, dem Büro des Kreisverbandes Lichtenberg im sowjetischen Sektor Berlins. Hier war Gisela Mannheim (später: Mießner) am 1. September 1945 in die Partei eingetreten. Im Nationalsozialismus hatte sie als sogenannter »Mischling 1. Grades« in Berlin Zwangsarbeit verrichten müssen und sich mit ihrer Mutter am Protest vieler Frauen beteiligt, die in der Rosenstraße in Berlin-Mitte die Freilassung ihrer dort festgehaltenen jüdischen Ehemänner forderten. Der Protest war erfolgreich, und auch ihr Vater kam frei.

Ihre Aufbauarbeit in der SPD prägte bald der Widerstand gegen die Zwangsvereinigung mit der KPD (→ S. 105). Als Kreisfrauenleiterin und gemeinsam mit ihrem Mann Herbert Mießner, SPD-Kreissekretär in Weißensee, hielt sie allen Abwerbe- und Repressionsversuchen der KPD und der sowjetischen Besatzungsmacht stand. Als Herbert Mießner 1953 wegen seines politischen Engagements in der SPD in Ostberlin verurteilt und erst nach dreijähriger Haft entlassen wurde, sah sich das Ehepaar gezwungen, in den Westteil der Stadt zu ziehen. In Wedding machte sich Gisela Mießner mehr als 50 Jahre lang um die Arbeiterwohlfahrt verdient. Sie wurde im Krematorium Wedding eingeäschert.

Der Arbeiteraufstand vom 17. Juni 1953

Die im Oktober 1949 gegründete Deutsche Demokratische Republik (DDR) war eine Diktatur, in der die SED als Staatspartei die von der Politik der Sowjetunion bestimmte diktatorische Gewalt ausübte. Mitte 1952 verschärfte die SED den politischen Kurs der Abgrenzung gegenüber der Bundesrepublik. Die geringen finanziellen Mittel wurden für eine verstärkte Aufrüstung verwandt. Der Lebensstandard sank, und die sozialen Probleme nahmen in allen Bevölkerungsschichten zu. Der wachsenden Unzufriedenheit begegnete die Partei- und Staatsführung mit einer noch rigideren politischen Verfolgung. Die Zahl der Flüchtlinge aus der DDR Richtung Westen wurde wieder größer.

Nach dem Tode Stalins im März 1953 drängte die neue sowjetische Führung die DDR zu einer Kurskorrektur. Anfang Juni 1953 beschloss die DDR-Führung einen »Neuen Kurs«, der viele Maßnahmen, die die soziale Situation der Bevölkerung verschlechtert hatten, zurücknahm. Eine Ausnahme bildete die zehnprozentige Normerhöhung für die Arbeiter in den Betrieben und auf den Baustellen der DDR. Sie wurde nicht zurückgenommen. Die Arbeiter waren nicht bereit, Lohnverzicht zu üben, und gewillt, für ihre Forderungen zu streiken. Der 17. Juni war »von seinen auslösenden und tragenden Kräften her unzweifelhaft ein Arbeiteraufstand [...], der freilich in Ansätzen bereits einen möglichen Umschlag in einen politischen Volksaufstand erkennen ließ« (Christoph Kleßmann). Der Aufstand begann am 15./16. Juni 1953 auf den Baustellen des Krankenhauses Friedrichshain und wenig später auf dem Block 40 in unmittelbarer Nähe der Stalinallee in Ostberlin. Am 16. Juni zogen die streikenden Bauarbeiter zum »Haus der Ministerien« und forderten die Senkung der Normen. Mit ihrem Ruf nach freien Wahlen rüttelten sie zugleich auch an den politischen Grundlagen des diktatorischen Systems.

Der am Vortag propagierte Generalstreik wurde am 17. Juni fast überall in Ostberlin befolgt. Mehr als 36 000 Arbeiter beteiligten sich an den Arbeitsniederlegungen. Aus Hennigsdorf bei Berlin kamen mehr als 8000 Arbeiter, die durch Westberlin gezogen waren, dazu. Der sowjetische Stadtkommandant verkündete den Ausnahmezustand, und die gewaltsame Niederschlagung des Aufstandes begann. Panzer rollten durch die Straßen und riegelten die Sektorengrenzen ab. Der Westberliner Arbeiter Willy Göttling wurde standrechtlich erschossen. Weitere Tote waren zu beklagen, zahlreiche Verletzte füllten die Krankenhäuser, meist im Westteil der Stadt. Der Aufstand blieb nicht auf Ostberlin beschränkt, sondern fand in der ganzen DDR eine Fortsetzung. Die sowjetische Besatzungsmacht beendete auch dort gewaltsam die Demonstrationen und Streiks. Besonders die Streikführer wurden zu hohen Zuchthausstrafen verurteilt.

Der Aufstand im Juni 1953 blieb trotz der blutigen Niederschlagung nicht folgenlos. Die Nachricht vom Aufstand für mehr Demokratie verbreitete sich im ganzen Ostblock und wurde in Polen und Ungarn 1956 und in der Tschechoslowakei 1968 erneut aufgriffen. Die Partei- und Staatsführung blieb bis zum Ende der DDR durch den Aufstand verunsichert: Sie wusste, dass sie auch künftig ihre Herrschaft nur mit Gewalt würde sichern können. Die Erinnerung an den Juniaufstand beginnt freilich – trotz erfolgter Straßenumbenennung in Westberlin und vieler Sonntagsreden am Jahrestag des Aufstandes – zu verblassen, seit zwei Jahrzehnten schon ist der 17. Juni kein gesetzlicher Feiertag mehr.

Siegfried Heimann

Marsch der Hennigsdorfer Stahlarbeiter nach Ostberlin, 17. Juni 1953

Sowjetische Panzer an der Leipziger Straße, Ecke Wilhelmstraße, 17. Juni 1953

Baustelle in der Stalinallee, Juni 1953; im Hintergrund Block 40

12 Stalinallee, Block 40

Freifläche zwischen Karl-Marx-Allee
103 und 105, 10249 Berlin-Friedrichshain, U-Bhf. Weberwiese
Karte vorn, F2

. . . .

Am 3. Februar 1952 begannen Bauarbeiter in der damaligen Stalinallee
mit dem Wiederaufbau der Straße
als »sozialistischer Magistrale« nach
Plänen unter anderem von Hermann
Henselmann. Nur ein Jahr später legten sie die Arbeit nieder, empört über
die Lohnkürzungen durch hohe Arbeitsnormen, die trotz eines von der Regierung im Juni verkündeten »Neuen Kur-
ses« nicht zurückgenommen worden
waren. Bereits am 15. Juni waren Arbeiter der Baustelle Krankenhaus Friedrichshain an der Landsberger Allee in
den Streik getreten. Am 16. Juni folgten die Bauarbeiter von »Block 40«
(Dreieck Weidenweg, Auerstraße,
Löwestraße) an der Stalinallee dem
Vorbild ihrer Kollegen. Sie versammelten sich auf einer Freifläche vor der
Großbaustelle und formierten sich zu
einem immer größer werdenden Demonstrationszug zum »Haus der Ministerien« (→ S. 118) in der Leipziger
Straße. Die beiden Streikführer des
VEB Industriebau auf der Baustelle
Krankenhaus Friedrichshain, Max Fett-
ling und Karl Foth, wurden 1954 wegen
»friedensgefährdender faschistischer
Tätigkeit« zu zehn bzw. acht Jahren
Zuchthaus verurteilt. Ähnliche Terror-

urteile ergingen gegen Streikführer in
anderen Betrieben, so gegen Siegfried
Berger (→ S. 119) aus Köpenick. Die
Stalinallee wurde im November 1961
in Karl-Marx-Allee umbenannt und das
1951 errichtete Stalin-Denkmal abgerissen.

13 Haus der Ministerien

Wilhelmstr. 97/ Leipziger Str. 5 – 7,
10117 Berlin-Mitte, U-Bhf. Mohrenstraße
Karte vorn, B2

. . . .

Der Platz am ehemaligen »Haus der
Ministerien« an der Leipziger Straße,
Ecke Wilhelmstraße ist nicht der einzige, aber doch ein sehr wichtiger Ort
des Geschehens während der Arbei-

Minister Fritz Selbmann (Pfeil) spricht
zu den Demonstranten vor dem Haus der
Ministerien, 16. Juni 1953

terrevolte im Juni 1953 in Ostberlin und der DDR. Am Morgen des 16. Juni 1953 erfuhren die Bauarbeiter in der Stalinallee (→ S. 118) und am Krankenhaus-Neubau in Friedrichshain, dass der von der Regierung verkündete »Neue Kurs« für sie keine Senkung der Arbeitsnormen bringen sollte. Empört legten sie, nachdem es bereits am 15. Juni zu ersten Streikaktionen gekommen war, die Arbeit überall auf den Baustellen nieder und formierten sich zu einem immer größer werdenden Demonstrationszug. Sie zogen zum »Haus der Ministerien«, wo sie Vertreter der Regierung zur Rede stellen wollten. Weder Walter Ulbricht noch Otto Grotewohl (→ S. 108) ließen sich sehen. Die Rede des Ministers Fritz Selbmann wurde durch Sprechchöre der Demonstranten unterbrochen. Sie forderten freie Wahlen. Eine Parole verbreitete sich in der ganzen Stadt: »Morgen Generalstreik«. Vor dem »Haus der Ministerien« hatte ein sozialer und politischer Protest der Arbeiter begonnen, der sich am 17. Juni zu einem massenhaften Streik und in den folgenden Tagen zu einem Aufstand in der ganzen DDR ausweiten sollte.

Das in der NS-Zeit im Stil des monumentalen Neoklassizismus als Reichsluftfahrtministerium für Hermann Göring errichtete Gebäude steht unter Denkmalschutz. Das heutige Detlef-Rohwedder-Haus ist seit 1999 Hauptsitz des Bundesfinanzministeriums. Vor dem Haus erinnert ein Mahnmal an den Zug der Hennigsdorfer Arbeiter zur Unterstützung der streikenden Bauarbeiter.

14 Siegfried Berger (1918–2002)
Römerweg 40, 10318 Berlin-Lichtenberg, U-Bhf. Tierpark
Karte hinten, Detailkarte 2

Im Römerweg im Ortsteil Karlshorst wohnte 1951 bis 1953 Siegfried Berger, ein Streikführer vom Juniaufstand 1953. Der frühere »Rote Falke« und

Siegfried Berger, undatiert

gelernte Maschinenbauer verteilte bereits als Jugendlicher Flugblätter gegen die Nazi-Diktatur. 1940 wurde er als Zivilingenieur bei der Marine dienstverpflichtet. Im Oktober 1945 war er wieder in Dresden bei seiner Familie. Er weigerte sich, der KPD (→ S. 67) beizutreten, und hatte ab 1946 Kontakt zu einer illegalen SPD-Gruppe. Er wollte »keiner neuen Diktatur dienen«, wie er später schrieb.

Ab 1950 arbeitete Berger als Ingenieur im Funkwerk in Berlin-Köpenick. In Berlin trat er auch offiziell der SPD bei. Im Funkwerk fand am frühen Morgen des 17. Juni 1953 eine Betriebsversammlung statt, die Siegfried Berger leitete. Die fast 2000 Versammelten beschlossen den Streik und eine Demonstration in die Stadt. Die Demonstranten forderten den Rücktritt der Regierung, freie und geheime Wahlen und die Wiedervereinigung. Der Demonstrationszug erreichte nicht die Innenstadt. Am 20. Juni 1953 wurde Berger verhaftet, und ein mehrjähriger Leidensweg begann – davon über ein Jahr in Workuta in Sibirien. Im Oktober 1955 wurde Berger nach Westberlin entlassen. Er arbeitete wieder in seinem alten Beruf in Kiel, wo er 2002 verstarb.

Die »Berlin-Partei«

Die Jahre nach 1948 waren für den rechtlichen und politischen Status Berlins und die Lebensfähigkeit seiner Bürger von grundlegender Bedeutung. Die Stadt lag im Zentrum des Kalten Krieges. Die SPD unter ihren Bürgermeistern Louise Schroeder, Ernst Reuter, Otto Suhr und Willy Brandt wurde die gestalterische politische Kraft: die »Berlin-Partei«. In Berlin wurden Stadt- und nationale Politik personell, konzeptionell, programmatisch und pragmatisch Teil eines bipolaren Systemgegensatzes und seiner Krisen.

Es begann im Juni 1948 mit der Blockade der Westsektoren Berlins durch die Sowjetunion und der sich daraus ergebenden politischen und administrativen Spaltung der Stadt. Am 9. September appellierte Ernst Reuter vor rund 300 000 Menschen an »die Völker der Welt«, sie mögen »diese Stadt und dieses Volk« nicht preisgeben. 1958 folgte Chruschtschows Berlin-Ultimatum. Alle vier Siegermächte sollten auf den Besatzungsstatus für Berlin verzichten und Westberlin zu einer entmilitarisierten und Freien Stadt erklären. Willy Brandt verwahrte sich in einem Fünf-Punkte-Plan gegen diese politisch-existenzielle Bedrohung Westberlins und betonte die weitere Zuständigkeit der Westmächte. Am 1. Mai 1959 sprach er auf dem Platz der Republik etwa 600 000 Menschen unter der Losung »Berlin bleibt frei« Mut zu. Das dritte Ereignis, das die gesamte Stadt in ihrem Lebensnerv traf, war der Mauerbau 1961. Es war der politisch-psychologisch einfühlsamen Führung Brandts zu verdanken, dass der Protest der eigenen Bevölkerung gegen die Westmächte und gegen die Bundesregierung unter Konrad Adenauer, die Berlin vergessen zu haben schien, formuliert und kanalisiert, aber andererseits auch die machtpolitischen Realitäten anerkannt wurden. Am 18. Dezember 1963 trat die erste »Passierscheinregelung« in Kraft, die – zunächst nur für wenige Tage – Hunderttausenden Westberlinern den Besuch ihrer Verwandten im Ostteil der Stadt ermöglichte. Es war ein kleiner Schritt auf dem Wege zu einer neuen Berlin-Politik und zugleich der Beginn einer neuen Deutschlandpolitik.

Dass die SPD in diesen Krisenjahren zur »Berlin-Partei« wurde, lag an dem Charisma ihrer Führungspersönlichkeiten und an der Bereitschaft und Fähigkeit zu konzeptioneller Politikgestaltung sowohl im Interesse der Menschen als auch aus nationaler Verantwortung. Das drückte sich aus in den Wahlergebnissen, die bis zum Beginn der 1960er Jahre eine hohe Zustimmung dokumentieren.

Danach jedoch waren die Zeiten einer absoluten Mehrheit für die SPD vorbei. Alle Regierenden Bürgermeister nach Willy Brandt waren auf Koalitionspartner angewiesen. Daran konnte auch der 1981 kurzfristig eingesprungene Hans-Jochen Vogel nichts ändern. Die SPD verlor die Wahl und war bis 1989 in der Opposition. Erst Ende der 1980er Jahre hatte die Partei, zuvor vom innerparteilichen Streit zerrissen, wieder Tritt gefasst und regiert seither im vereinigten Berlin wieder mit. Die häufig wechselnden Koalitionen waren weniger programmatisch als pragmatisch gemeint. Die »verwirrenden Dissonanzen« (Hans-Jochen Vogel) in der Berliner SPD über den Weg in die Einheit der Stadt und des Landes während des revolutionären Umbruchs in der DDR waren nach 1990 bald vergessen. Der Nimbus als »Berlin-Partei« ist nicht verloren gegangen. Nur die SPD konnte bisher, angefangen mit dem rot-grünen Senat von Walter Momper 1989 bis hin zum rot-schwarzen Senat von Klaus Wowereit, in beiden Teilen der Stadt gleichmäßig hohe Wahlergebnisse erzielen.

Benno Fischer

15 Louise Schroeder (1887–1957)

Boelckestr. 121, 12101 Berlin-Tempelhof, S- und U-Bhf. Tempelhof
Karte S. 134/135, D 3

In der Boelckestraße war der letzte Wohnsitz von Louise Schroeder. Sie war von 1946 bis 1951 Bürgermeisterin von Berlin und in den Jahren 1947 und 1948 amtierende Oberbürgermeisterin von Berlin, da der gewählte Oberbürgermeister Ernst Reuter (→ S. 122) wegen des Vetos der sowjetischen Besatzungsmacht in diesem Amt zunächst nicht bestätigt worden war. Von 1949 bis zu ihrem Tode war sie Mitglied des Bundestages und des Parteivorstandes der SPD.

Louise Schroeder war bereits 1910 der SPD beigetreten und ab 1920 Mitglied des Reichstages. Zusammen mit Marie Juchacz (→ S. 82) gründete sie 1919 die Arbeiterwohlfahrt (AWO). 1933 verlor sie ihre Stellung als Dozentin an der von ihr mitbegründeten Wohlfahrtsschule der AWO in Berlin, wurde von der Gestapo überwacht und hielt sich in ihrer Heimatstadt Hamburg mit einem kleinen Brotladen, der als Treffpunkt für antinazistisch eingestellte Gesinnungsgenossen diente, über Wasser.

Nach dem Ende der NS-Diktatur gehörte sie zu den sozialdemokratischen Frauen, die die AWO in Berlin wieder ins Leben riefen und die Berliner SPD mitgründeten. Sie war besonders in der schweren Zeit der Berliner Blockade als »Mutter Berlins« und amtierende Oberbürgermeisterin stets mehr als nur die Statthalterin von Ernst Reuter und ist bis heute die einzige Frau an der Spitze der Stadt geblieben. Ihr Grab befindet sich in Hamburg.

Louise Schroeder mit Kurt Schumacher (l.) und Paul Löbe, 1950

16 Ernst Reuter (1889–1953)
Bülowstr. 33, 14163 Berlin-Zehlendorf,
S-Bhf. Mexikoplatz
Karte hinten, B 4

In dem Einfamilienhaus in der Bülow-straße lebte Ernst Reuter schon bald nach seiner Rückkehr aus dem Exil von 1948 bis zu seinem Tode. »Ihr Völker der Welt […]. Schaut auf diese Stadt und erkennt, dass ihr diese Stadt und dieses Volk nicht preisgeben dürft und nicht preisgeben könnt!« Kaum ein Satz hat sich stärker in das kollektive Gedächtnis Berlins eingeprägt als jener von Reuter, gesprochen bei einer Rede auf dem Höhepunkt der Berlin-Blockade im Jahr 1948. Der Oberbürgermeister und spätere Regierende Bürgermeister, von den Nazis verfolgt und ins türkische Exil vertrieben, verkörperte den Willen der Berliner zur Selbstbehauptung im Kampf um Freiheit und Demokratie.

In den frühen 1920er Jahren hatte er kurzzeitig das Amt des Generalsekretärs der KPD bekleidet. Den ultralinken Kurs der KPD ablehnend, fand er schnell wieder den Weg zurück in die SPD, war Schöpfer der Berliner Verkehrsbetriebe (BVG) und ab 1931 bis zu seiner Absetzung durch die Nazis Oberbürgermeister von Magdeburg.

Reuter wollte ein Oberbürgermeister für ganz Berlin sein, aber nicht alle Hoffnungen des Remigranten sollten sich nach seiner Rückkehr 1946 erfüllen. Er starb als Regierender Bürgermeister der westlichen Teilstadt. Sein Grab befindet sich auf dem Waldfriedhof Zehlendorf (→ S. 130) in der Nähe seines ehemaligen Wohnhauses.

17 Otto Suhr (1894–1957)
Hochschule für Wirtschaft und Recht, Badensche Str. 50–51, 10825 Berlin-Schöneberg, U-Bhf. Rathaus Schöneberg
Karte S. 134/135, B 2

In der Berliner Nachkriegszeit drängte der Sozialdemokrat Otto Suhr erfolgreich auf die Wiedergründung der Deutschen Hochschule für Politik (DHP), die 1952 aus einem provisorischen Domizil in die Badensche Straße umzog. Suhr, der bereits in der Weimarer Republik an der DHP gelehrt hatte, war von 1948 bis 1955 ihr Direktor – bis er zum Regierenden Bürgermeister von Berlin gewählt wurde. Die Interessen der Stadt vertrat er vor 1955 bereits als Stadtverordnetenvorsteher und Präsident des Abgeordnetenhauses sowie als Mitglied des Parlamentarischen Rates und des Deutschen Bundestages.

Ernst Reuter (r.) mit Arno Scholz, Herausgeber des »Telegraf«, um 1950

Otto Suhr auf einem SPD-Plakat für die Wahlen zum Abgeordnetenhaus von Berlin 1950

Der promovierte Volkswirt war darüber hinaus – wie bereits vor der NS-Zeit – in führender Position in der Gewerkschaftsarbeit engagiert und maßgeblich an der Bildung der Unabhängigen Gewerkschaftsorganisation (→ S. 112) beteiligt.

Die DHP wurde 1959 als Otto-Suhr-Institut in die Freie Universität eingegliedert. An ihrem ehemaligen Standort in Schöneberg befindet sich heute die Hochschule für Wirtschaft und Recht Berlin.

18 a Rathaus Schöneberg

John-F.-Kennedy-Platz 1, 10825 Berlin-Schöneberg, U-Bhf. Rathaus Schöneberg

Karte S. 134/135, B 2

Das Rathaus Schöneberg wurde 1917 für die Stadt Schöneberg (ab 1920 Bezirk Berlins) nach Entwürfen der Architekten Peter Jürgensen und Jürgen Bachmann fertiggestellt. Es erlangte nach 1945 politische und symbolhafte Bedeutung, indem es nach der politischen und administrativen Teilung der Stadt Tagungsort des Abgeordnetenhauses von Berlin und Sitz des Regierenden Bürgermeisters wurde. Politisch wegweisende sozialdemokratische Bürgermeister wie Ernst Reuter (→ S. 122) und Willy Brandt (→ S. 124) gestalteten von dort Stadt- und Deutschlandpolitik – und, wie es Brandt am Abend des 10. November 1989 von den Stufen des Rathauses formulierte, zugleich mehr: »Wir erleben, dass die Teile Europas wieder zusammenwachsen.« Nach der ersten gemeinsamen Sitzung von Magistrat und Senat (»Magi-Senat«) unter den Sozialdemokraten Tino Schwierzina (Ost) und Walter Momper (West) am 12. Juni 1990 im Berliner Rathaus wechselte man jeweils den Tagungsort, der Gesamtber-

Rathaus Schöneberg (Bildmitte), 1969

liner Senat verblieb aber schließlich wegen der besseren Arbeitsmöglichkeiten bis September 1991 in Schöneberg. Danach zog er ins Rote Rathaus (→ S. 23) und das Abgeordnetenhaus in den ehemaligen Preußischen Landtag (→ S. 61). Heute wird das Rathaus Schöneberg vom Bezirksamt Tempelhof-Schöneberg genutzt.

18 b Willy Brandt (1913–1992)
Rathaus Schöneberg, John-F.-Kennedy-Platz 1, 10825 Berlin-Schöneberg, U-Bhf. Rathaus Schöneberg
Karte S. 134/135, B 2

Das Rathaus Schöneberg (→ S. 123) war die politische Wirkungsstätte Willy Brandts als Abgeordneter und Regie-

render Bürgermeister. Als nichtehelicher Sohn einer Konsumverkäuferin wuchs Brandt als Karl Herbert Frahm in Lübeck im Milieu der klassischen Arbeiterbewegung auf. Als 19-jähriger Sozialist, der 1931 von der SPD zur SAP (→ S. 65) gewechselt war, ging er 1933 unter dem Namen Willy Brandt ins Exil nach Norwegen, 1940 nach Schweden. In den skandinavischen Arbeiterparteien wuchs er zu einem demokratischen Sozialisten bzw. Sozialdemokraten heran, der sich von den Hoffnungen auf eine demokratische Entwicklung der Sowjetunion getrennt hatte. Nach der Rückkehr aus dem Exil folgte ein keineswegs einfacher Aufstieg vom Regierenden Bürgermeister Berlins, SPD-Parteivorsitzenden,

Willy Brandt vor dem Rathaus Schöneberg, 12. September 1958

Luise & Karl Kautsky-Haus

Außenminister und Vizekanzler der Großen Koalition zum ersten sozialdemokratischen Bundeskanzler 1969. In diesen Ämtern verfolgte Brandt mit großem Einsatz und Erfolg eine früh konzipierte Politik der Entspannung zwischen West und Ost, der europäischen Integration und der Schaffung der deutschen Einheit. 1971 wurde ihm der Friedensnobelpreis verliehen. Weltweite Anerkennung erhielt er darüber hinaus, als er nach dem Rücktritt als Bundeskanzler 1974 als Präsident der Sozialistischen Internationale sich für die globale Akzeptanz der Grundwerte Freiheit, Gerechtigkeit und Solidarität einsetzte. Das Grab von Willy Brandt befindet sich auf dem Waldfriedhof Zehlendorf (→ S. 130).

19 Luise & Karl Kautsky-Haus
Saarstr. 14, 12161 Berlin-Schöneberg, S-Bhf. Friedenau
www.wir-falken.de
Karte S. 134/135, B 4

....

Das Luise & Karl Kautsky-Haus in der Saarstraße ist seit 2011 der Sitz der Bundesgeschäftsstelle der »Sozialistischen Jugend Deutschlands – Die Falken« und zugleich eine ihrer Bildungs- und Begegnungsstätten. In dem denkmalgeschützten Haus ist eine ständige Ausstellung zum Leben und Wirken von Luise und Karl Kautsky, die vor 1933 in unmittelbarer Nähe wohnten, zu sehen.

Die Sozialistische Jugend Deutschlands ist eine der SPD nahestehende Kinder- und Jugendorganisation mit einer über 100-jährigen Geschichte. Sie ist in den drei westlichen Besatzungszonen und in der Viersektorenstadt Berlin kurz nach dem Ende der NS-Diktatur neu gegründet worden. In Berlin waren »Die Falken« auch im Ostsektor bis 1961 politisch aktiv.

Das Haus ist benannt nach Luise und Karl Kautsky. Luise Kautsky (1864–1944) war als sozialdemokratische Kommunalpolitikerin und Übersetzerin sozialistischer Schriften mehr als die Weggefährtin ihres Mannes Karl. Sie starb 1944 in Auschwitz. Karl Kautsky (1854–1938) war ein einflussreicher Theoretiker der SPD, der maßgeblich am Erfurter Programm (1891) und am Heidelberger Programm (1925) mitarbeitete. Ins Exil gezwungen, verstarb er in Amsterdam.

Kurt-Schumacher-Haus; Postkarte, undatiert

20 Kurt-Schumacher-Haus

Müllerstr. 163, 13353 Berlin-Wedding,
S- und U-Bhf. Wedding
www.spd-berlin.de
Karte hinten, Detailkarte 1

Das fünfstöckige Kurt-Schumacher-
Haus, die Parteizentrale der Berliner
SPD, liegt in dem Arbeiterbezirk Wedding. Es wurde nur wenige Monate
nach dem Bau der nahegelegenen
Mauer und zu Zeiten Willy Brandts
(→ S. 124) als Landesvorsitzender
und Regierender Bürgermeister am
2. Dezember 1961 offiziell eingeweiht.
Zuvor hatte sich ab 1946 der Sitz der
Partei in der Schöneberger Zieten-
straße 18 befunden.
Mit Kurt Schumacher (1895–1952),
dem bedeutenden Partei- und Fraktionsvorsitzenden der SPD im Bundestag, erhielt das neue Haus einen Namensgeber, der konsequent für einen
freiheitlichen und demokratischen
Sozialismus einstand und dafür von
den Nazis ins Konzentrationslager
gesperrt worden war. Nach dem Ende
des Zweiten Weltkrieges war er ein ent-
schiedener Gegner der stalinistischen
KPD und SED.
Das von Wilhelm Nemack entworfene
Haus entspricht in seiner puristischen
Ästhetik dem Fortschrittsdenken der
Nachkriegsmoderne und steht unter
Denkmalschutz. Es beherbergt heute
unter anderem den SPD-Landesvor-
stand, die Sozialdemokratische Ge-
meinschaft für Kommunalpolitik, das
August-Bebel-Institut und das Landes-
büro der Jusos.

21 Internationales Congress Centrum Berlin

Messedamm 17, 14057 Berlin-
Charlottenburg, S-Bhf. Messe Nord
Karte hinten, B 3

Das Internationale Congress Centrum
Berlin (ICC) wurde von den Architekten
Ralf Schüler und Ursulina Schüler-
Witte entworfen und 1979 unter dem
sozialdemokratischen Bausenator
Harry Ristock eingeweiht. Seither dient
es mit 80 Sälen als eines der größten
Kongresszentren weltweit auch immer
wieder als Veranstaltungsort für SPD-

Vereinigungsparteitag der SPD der DDR und der Bundesrepublik im ICC, 28. Sept. 1990

Versammlungen. Einer der denkwürdigsten Parteitage der Sozialdemokraten fand am 15. September 1990 statt, als sich im größten Saal die beiden Landesverbände Ost- und Westberlins zu einer Berliner SPD vereinten. Unmittelbar nach dem Mauerbau war 1961 die SPD in Ostberlin zwar nicht formal aufgelöst, alle noch verbliebenen Mitglieder aber aus ihren Pflichten entlassen worden. Diese wurden nach dem Mauerfall am 9. November 1989 nicht reaktiviert, weil sich inzwischen die Sozialdemokratische Partei der DDR gegründet hatte.

Mit dem Kürzel SDP hatten sich die ostdeutschen Sozialdemokraten bewusst von der Mutterpartei abgegrenzt und ihre Eigenständigkeit demonstriert. Nach dem Beschluss zur nationalen Einheit war aber der Zusammenschluss zu einer Berliner Partei nur folgerichtig. Zum ersten gemeinsamen Landesvorsitzenden nach 29 Jahren wurde Walter Momper gewählt. Die SPD der DDR und der Bundesrepublik schlossen sich am 27./28. September 1990 an gleicher Stelle zusammen.

22 »Haus an der Spree« – Deutsch-deutscher Dialog
Wallstr. 57, 10179 Berlin-Mitte,
U-Bhf. Märkisches Museum
Karte vorn, D 2 ⌧

Wo im Oktober 2000 der Neubau der brasilianischen Botschaft eingeweiht wurde, stand zuvor das »Haus an der Spree«. In dem Gästehaus des Zentralkomitees der SED wurden Diplomaten aus aller Welt beherbergt. Auch Berliner Sozialdemokraten kamen bis zum Jahr 1989 mehrmals zu Gesprächsrunden mit SED-Vertretern in die Wallstraße 57.

Alexander Longolius und Harry Ristock waren im Auftrag des SPD-Landesvorstandes verantwortlich für die Kontakte der Partei nach Ostberlin. Dieser Berliner Beitrag zum deutsch-deutschen Dialog bestand in den Jahren 1981 bis 1989 in regelmäßigen Gesprächen mit hochrangigen Delegationen aus SPD und SED. Obwohl nicht in Regierungsverantwortung, hielt die Berliner SPD, genau wie der Bonner Parteivorstand auch, weiter die Kontakte zur alles beherrschenden Partei in der DDR aufrecht. Abwechselnd traf man sich im Ost- und im Westteil Berlins. In Ostberlin wurden dafür verschiedene Gästehäuser der SED genutzt, für die Treffen in Westberlin stellte Harry Ristock häufig sein Wohnhaus zur Verfügung. Die Sozialdemokraten betrieben damit die »Politik der kleinen Schritte«, die Willy Brandt (→ S. 124) im Jahre 1963 mit einem »Passierscheinabkommen« mit der DDR begonnen und 1969 als Bundeskanzler mit seiner neuen Deutschland- und Ostpolitik erfolgreich fortgesetzt hat. Schrittweise konnten »menschliche Erleichterungen« im Reise- und Besuchsverkehr erreicht werden. Vor allem aber ging es den Dialogpartnern darum, auch in den Zeiten neuer weltpolitischer Anspannungen ein gutnachbarschaftliches und friedvolles Verhältnis auf- und auszubauen, ganz im Sinne der Brandt'schen Politik des »Wandels durch Annäherung«.

Das Gästehaus wurde 1993 zum »Spreehotel« umgewandelt, wenige Jahre später geschlossen und 1998 abgerissen.

23 Sophienkirche

Große Hamburger Str. 31, 10115 Berlin-Mitte, U-Bhf. Weinmeisterstraße
www.sophien.de
Karte vorn, C 1

Bei ihrer Einweihung 1713 lag die Sophienkirche noch vor den Toren Berlins. Ab 1884 als »Kinderbewahranstalt« genutzt, blieb das Gebäude bis 1945 von Kriegsschäden und danach von den Flächensanierungen der DDR-Wohnungsbaupolitik verschont. In den 1980er Jahren bot die Kirche Raum für die sich formierende Opposition gegen die SED-Diktatur. Nachdem sich am 7. Oktober 1989 die Sozialdemokratische Partei in der DDR (SDP) in Schwante gegründet hatte, konstituierte sich hier am 5. November 1989 ihr Berliner Landesverband. Nach einem Aufruf von Markus Meckel und Martin Gutzeit bildeten die Sozialdemokraten als einzige der DDR-Oppositionsgruppen eine Partei, um damit das Machtmonopol der SED in Frage zu stellen. Mit einem anderen Kürzel als dem der SPD betonten sie den Anspruch, eine eigenständige

Gästehaus des Zentralkomitees der SED in der Wallstraße 57, 1978

Sophienkirche

sozialdemokratische Partei in einem eigenen, demokratisch veränderten Staat DDR zu sein. Wenige Monate nach dem Mauerfall wurde dessen Ende aber besiegelt. Der offiziellen Umbenennung in SPD am 13. Januar 1990 folgte am 27./28. September der Vereinigungsparteitag im Internationalen Congress Centrum (→ S. 126).

24 Verdi

Paula-Thiede-Ufer 10, 10179 Berlin-Mitte, S-Bhf. Ostbahnhof
www.verdi.de
Karte vorn, E2

Nachdem der Deutsche Bundestag im Juni 1991 beschlossen hatte, dass Berlin wieder Regierungssitz werden solle, verlegten viele Interessenvertretungen ihren Hauptsitz nach Berlin.

Dazu gehörte schließlich auch die Vereinigte Dienstleistungsgewerkschaft, kurz Verdi, die 2001 aus dem Zusammenschluss von fünf Einzelgewerkschaften hervorging: aus der Gewerkschaft Öffentliche Dienste, Transport und Verkehr, der Gewerkschaft Handel, Banken und Versicherungen sowie der Postgewerkschaft, der Deutschen Angestellten-Gewerkschaft und der IG Medien. Verdi ist mit mehr als zwei Millionen Mitgliedern (Stand Juni 2011) nach der IG Metall die zweitgrößte Gewerkschaft im Deutschen Gewerkschaftsbund.
Der Verdi-Bundesvorstand zog 2001 nach Berlin, zunächst übergangsweise an den Potsdamer Platz, im Sommer 2004 in einen Neubau an der Spree. Die Namensgebung Paula-Thiede-Ufer erfolgte auf Vorschlag von Verdi. Paula

Verdi-Haus

Thiede (1870–1919) war die erste Frau in Deutschland, die auf Reichsebene einer Gewerkschaft hauptamtlich vorstand, und zwar ab 1898 dem »Verband der in Buchdruckereien und verwandten Berufen beschäftigten Hilfsarbeiter und Arbeiterinnen Deutschlands«, eine der Vorläuferorganisationen der IG Medien.

25 Waldfriedhof Zehlendorf
Potsdamer Chaussee 75 / Wasgensteig 30, 14129 Berlin-Zehlendorf, Bus-Haltestelle Waldfriedhof Zehlendorf
Karte hinten, A 4

Der Waldfriedhof Zehlendorf wurde ab 1945 belegt und im folgenden Jahrzehnt schrittweise ausgebaut. Der Charakter des 37,5 Hektar großen Areals wird bis heute durch den reichen Baumbestand, vor allem Kiefern, bestimmt. Auf dem Friedhof fanden die Regierenden Bürgermeister Ernst Reuter (→ S. 122) und Willy Brandt (→ S. 124), dessen Frau Rut und andere führende Berliner Sozialdemokraten ihre letzte Ruhestätte, darunter der langjährige Reichstagspräsident Paul Löbe, die Reichstagsabgeordnete Anna Nemitz, der Regierende Bürgermeister Otto Suhr und viele andere mehr. Damit wurde eine Tradition neu

belebt, für die seit der Beisetzung Wilhelm Liebknechts (→ S. 17) im Jahre 1900 der Zentralfriedhof Friedrichsfelde (→ S. 31) stand. In den Jahren der Teilung Berlins und mit der Anlage der seither in Ostberlin gelegenen Gedenkstätte der Sozialisten bot der Waldfriedhof für Sozialdemokraten eine Alternative als Beisetzungsort.

26 Willy-Brandt-Haus
Stresemannstr. 28 / Wilhelmstr. 140, 10963 Berlin-Kreuzberg, U-Bhf. Hallesches Tor
Karte vorn, B 3

Nach der Wahl Berlins zur Hauptstadt im Jahre 1991 suchte die SPD nach einem Ort für ihre Parteizentrale, die möglichst im Zentrum der Stadt liegen sollte. Sie fand ihn auf einem Trümmergrundstück, dort, wo Stresemann- und Wilhelmstraße zusammentreffen. Der Entwurf stammt von dem Architekten Helge Bofinger, der sich auf seine Pläne für dieses Grundstück zur Internationalen Bauausstellung von 1981 beziehen konnte. Die Grundsteinlegung erfolgte 1993, die Eröffnung des Hauses 1996.
Um 1900 hatte die Arbeiterbewegung begonnen, ihre Volkshäuser als sichtbaren Ausdruck der proletarischen

Waldfriedhof Zehlendorf

Gegenkultur gegen die herrschende des Wilhelminischen Kaiserreichs zu bauen. Nach 1945 bevorzugte man funktionalistisch ausgestattete Bürohäuser als Standorte für die Parteiführung. Nun, am Ende des 20. Jahrhunderts, war ein Volkshaus moderner Art entstanden. Herzstück des Gebäudes bildet das große, für Veranstaltungen und Ausstellungen genutzte Atrium mit der überlebensgroßen Skulptur Willy Brandts (→ S. 124), die vom Maler und Bildhauer Rainer Fetting stammt. Zwei gläserne Aufzüge erweitern den Blick auf sechs Etagen, in denen sich

eine Vielzahl von Arbeitsräumen, größere Versammlungssäle und kleinere Sitzungszimmer befinden und Flure, in denen Fotos und Bilder aus der Geschichte der Partei hängen. Auf den Straßenseiten findet man Geschäfte, unter anderem eine Buchhandlung und ein Antiquariat.

Mit dem Willy-Brandt-Haus ist ein politisch-kulturell offenes, dem Eindruck nach fast bürgergesellschaftlich gestaltetes Zentrum entstanden, in dem sich ein bedeutendes Stück des Anspruchs der SPD an sich selbst widerspiegelt.

Willy-Brandt-Haus

Abbildungsnachweis

Katrin Brandel / Dichterkreismuseum: S. 26 – **Marion Goers:** S. 5 u., 20, 22 o., 27 u., 30 o., 34, 35 o., 46, 48 u., 55 o., 65 o., 68 u., 74 o., 85, 87 u., 88 o., 90 u., 97 u., 110 o., 112 o., 125, 129, 130, 131, Rückseite – **Daniela Honigmann:** S. 39 o., 49 o., 61 o., 107 o., 108 – **Rainer Klostermeier:** Rückseite – **Arbeiter-Baugenossenschaft Paradies:** S. 72 u. – **Archiv der sozialen Demokratie der Friedrich-Ebert-Stiftung:** S. 4, 5 o., 13 u., 15, 16 u., 17, 24, 25 o.l., 25 o.r., 27 o., 29, 32, 33, 35 u., 36, 38, 39 u., 40 o., 43 o., 47, 53, 60 o., 61 u., 64 u., 66 u., 69, 70, 76 u., 77, 82 r., 83, 84, 86, 87 o., 90 o., 91, 92, 95 o., 100 u., 101 u., 102 l., 110 u. (Kränkel), 114 (Bankhardt), 115 l. (Bankhardt), 117 o. (Bankhardt), 121, 122, 124 (Bankhardt) – **August-Bebel-Institut:** S. 107 u., 126 – **Bildarchiv Preußischer Kulturbesitz:** S. 16 o., 22 u., 48 o., 51, 52, 64 o., 98 u. – **Bundesarchiv:** S. 31 (183-08783-0009), 44 (183-B0527-0001-810), 54/55 (183-08931-0002), 56 (102-01724/Georg Pahl), 58 (Plak 002-014-007/Gottfried Kirchbach), 60 u. (102-06154/Georg Pahl), 62 (102-13412/Georg Pahl), 68 u. (183-09424-0006), 95 u. (102-14263/Georg Pahl), 109 (183-H25846), 118 o. (183-20145-0017/Weiß), 123 o. (Plak 005-010-026, Hundt und Reiff), 128 (183-T1023-320/Erich Zühlsdorf) – **Freireligiöse Gemeinde Berlin:** S. 79 u. – **Gedenkstätte Deutscher Widerstand:** S. 63, 67, 72 o., 82 l., 102 r., 103 o. – **Humanistischer Verband Deutschlands, Berlin-Brandenburg:** S. 81 – **Kreuzbergmuseum:** S. 28, 106 – **Landesarchiv Berlin:** S. 6 (3466b), 8 (362b), 9 o. (3463b), 9 u. (3464b), 11 (377b), 23 (8876C), 30 u. (292441), 37 (61-3029/F. Al-bert Schwartz), 42/43 (II 1997), 50 (279010), 59 (II 10353/Gloria Grambow), 71 (409494/Rolf Zöllner), 73 (77476), 74 u. (267463), 76 o. (II 11015/Otto Hagemann), 78 (II 10341/Gloria Grambow), 89 (3402/Waldemar Tietzenthaler), 94 (295867), 100 o. (II 6803), 101 o. (4146/Rudolf Steinhäuser), 104 (81763/Alois Bankhardt), 111 (290-02-03/Henry Ries), 115 r. (33762), 117 u. (85134), 123 u. (5307C/Ludwig Ehlers) – **Museum Charlottenburg-Wilmersdorf:** S. 88 u. – **Museum Neukölln:** S. 98 o. – **Museum Treptow-Köpenick:** S. 25 u., 96, 99 – **Privatarchiv Helga Grebing:** S. 66 o. – **Privatarchiv Werner Jockeit:** S. 103 u. – **Privatarchiv Hans-Ulrich Schulz:** S. 97 o. – **Privatarchiv Falco Werkentin:** S. 119 – **Stiftung Archiv der Parteien und Massenorganisationen in der DDR:** S. 80 (Y 1-1533/67) – **Stiftung Stadtmuseum Berlin:** S. 12/13 (Georg Bartels, Inv.-Nr.: IV 64/3159 V, Reproduktion: Oliver Ziebe) – **Ullstein-Bilderdienst:** S. 127 Bernstein, Eduard: **Die Geschichte der Berliner Arbeiterbewegung,** 3 Bde., Berlin 1907-1910: S. 10, 21 – **Der Sozialdemokrat** (1890): S. 18 – **Die Praktische Berlinerin** (1906): S. 40 u. – **Geschichte der revolutionären Berliner Arbeiterbewegung.** Von den Anfängen bis zur Gegenwart. Band 1: Von den Anfängen bis 1917, Berlin 1987: S. 7 – **Handbuch des Preußischen Landtages,** 4. Wahlperiode, Berlin 1932: S. 75 – **Industriebauten der Knorr-Bremsen,** o. O. 1925: S. 49 u. – **Kampfsignal** (1933): S. 65 u. – **Probleme der neuen Stadt Berlin,** Berlin 1926: S. 79 o. – **Tribüne** (1948): S. 112 u.

Trotz intensiver Recherche konnten nicht alle Inhaber der Urheberrechte ermittelt werden; bei berechtigten Ansprüchen bitte beim Verlag melden.

Literatur

Bernstein, Eduard: **Die Geschichte der Berliner Arbeiterbewegung.** 3 Bde., Berlin 1907-1910. – Brandt, Willy: **Berlin bleibt frei. Politik in und für Berlin 1947-1966,** bearbeitet von Siegfried Heimann, Bonn 2004. – Grebing, Helga: **Geschichte der deutschen Arbeiterbewegung. Von der Revolution 1848 bis ins 21. Jahrhundert,** Berlin 2007. – Grebing, Helga (Hg.): **Die deutsche Revolution 1918/19,** Berlin 2008. – Hachtmann, Rüdiger: **Berlin 1848,** Bonn 1997. – Heimann, Siegfried: **Der Preußische Landtag 1899–1947. Eine politische Geschichte,** Berlin 2011. – Hübner, Holger: **Das Gedächtnis der Stadt. Gedenktafeln in Berlin,** Berlin 1997. – Kleßmann, Christoph: **Die doppelte Staatsgründung. Deutsche Geschichte 1945–1955,** 5. Aufl., Bonn 1991. – Kleßmann, Christoph: **Zwei Staaten – eine Nation. Deutsche Geschichte 1955–1970,** 2. Aufl., Bonn 1997. – Kowalczuk, Ilko-Sascha: **Der 17. Juni 1953. Ursachen – Abläufe – Folgen,** Bremen 2003. – Lange, Annemarie: **Das Wilhelminische Berlin,** Berlin 1967. – Lösche, Peter / Walter, Franz: **Die SPD: Klassenpartei – Volkspartei – Quotenpartei,** Darmstadt 1992. – Mählert, Ulrich: **Kleine Geschichte der DDR,** München 2009. – Notz, Gisela: **Frauen in der Mannschaft,** Bonn 2003. – Potthoff, Heinrich / Miller, Susanne: **Kleine Geschichte der SPD 1848–2002,** Bonn 2002. – Rürup, Reinhard: **Emanzipation und Antisemitismus, Studien zur »Judenfrage« in der bürgerlichen Gesellschaft,** Frankfurt a. M. 1991. – Sandvoß, Hans-Rainer: **Die »andere« Reichshauptstadt. Widerstand aus der Arbeiterbewegung in Berlin 1933 bis 1945,** Berlin 2007. – **Sterben für Berlin? Die Berliner Krisen 1948: 1958,** Berlin 2000. – Winkler, Heinrich-August: **Arbeiter und Arbeiterbewegung in der Weimarer Republik,** 3 Bde., 2. Aufl., Berlin / Bonn 1985–1987.

Dank

Dank den Mitautorinnen und -autoren, durch die dieses Buches allererst möglich wurde; Dank dem Archiv der sozialen Demokratie (v. a. Gabriele Lutterbeck, Katja Wollenberg) und dem Landesarchiv Berlin (v. a. Dr. Andreas Matschenz, Monika Bartzsch, Klaus-Dieter Pett) für ihre große Unterstützung.

Herausgeber
Helga Grebing
Jahrgang 1930; Historikerin, emerit. Professorin für Sozialgeschichte und Geschichte der Arbeiterbewegung; Mitglied der Historischen Kommission der SPD und zeitweise der Grundwertekommission. Zahlreiche Veröffentlichungen.

Siegfried Heimann
Jahrgang 1939; Historiker und Politikwissenschaftler; Privatdozent an der FU Berlin; Mitglied der Historischen Kommission der SPD und Vorsitzender der Historischen Kommission der SPD Berlin. Zahlreiche Veröffentlichungen.

Autorinnen und Autoren
Benno Fischer, Marion Goers, Helga Grebing, Rüdiger Hachtmann, Siegfried Heimann, Daniela Honigmann, Holger Hübner, Manfred Isemeyer, Tobias Kühne, Peter Lösche, Gisela Notz, Anke Reuther, Reinhard Rürup, Hans-Rainer Sandvoß, Ingrid Thienel-Saage, Heinrich-Wilhelm Wörmann.

Redaktion
Marion Goers
Jahrgang 1959, Politikwissenschaftlerin, Arbeitsschwerpunkt deutsche Zeitgeschichte, Mitarbeit an Ausstellungen, Veröffentlichungen v. a. zur Gewerkschaftsgeschichte.

Daniela Honigmann
Jahrgang 1976, Historikerin, Arbeitsschwerpunkte Geschichte der Berliner Sozialdemokratie seit 1945, Projektleiterin der »Werkstatt Linke Lebensläufe« beim August-Bebel-Institut.

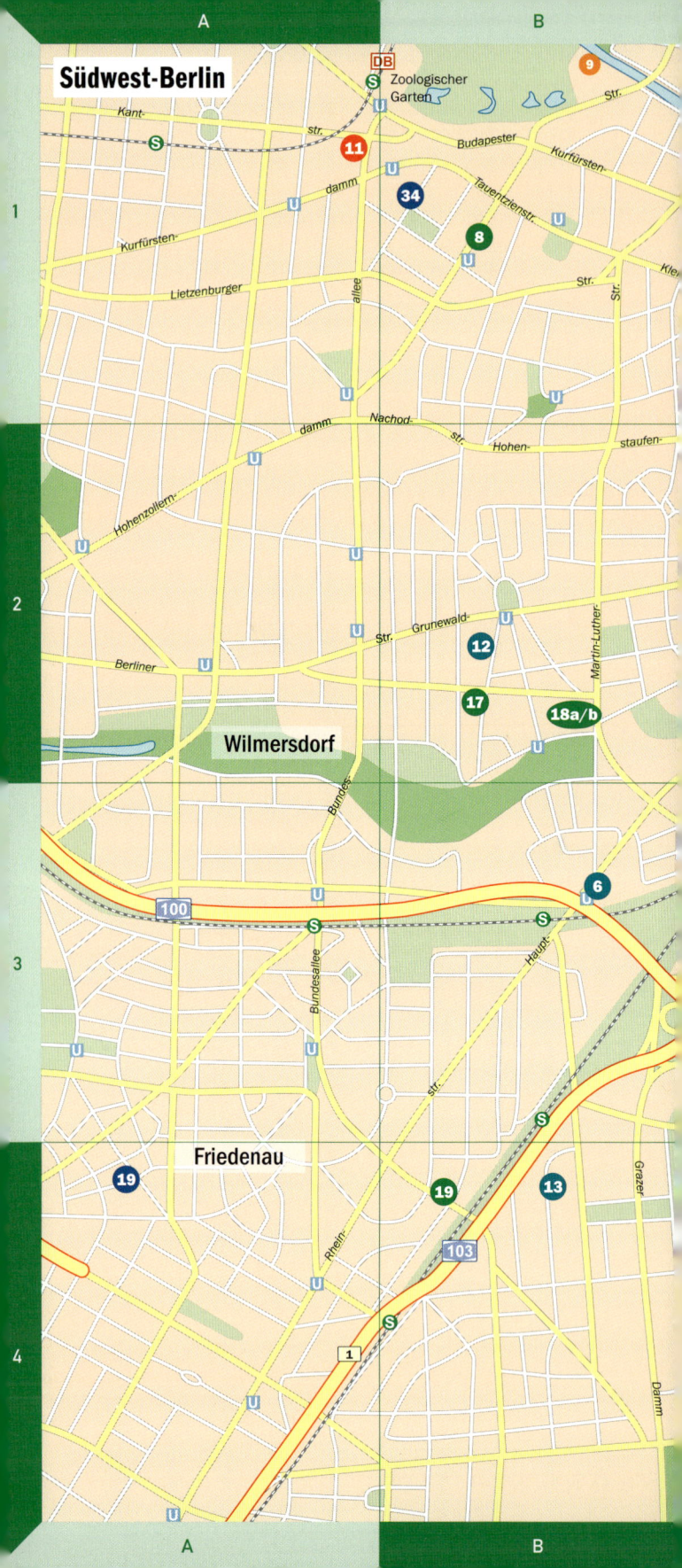

Südwest-Berlin

Zoologischer Garten

Kant-str.

Budapester

Kurfürsten-

Kurfürsten-

Tauentzienstr.

Lietzenburger

Str.

Kleist

Nachod-

damm

Hohen-

staufen-

Hohenzollern-

Grunewald-

Str.

Martin-Luther

Wilmersdorf

Berliner

Bundes

allee

Haupt-

Bundesallee

str.

Friedenau

Rhein-

Grazer

Damm

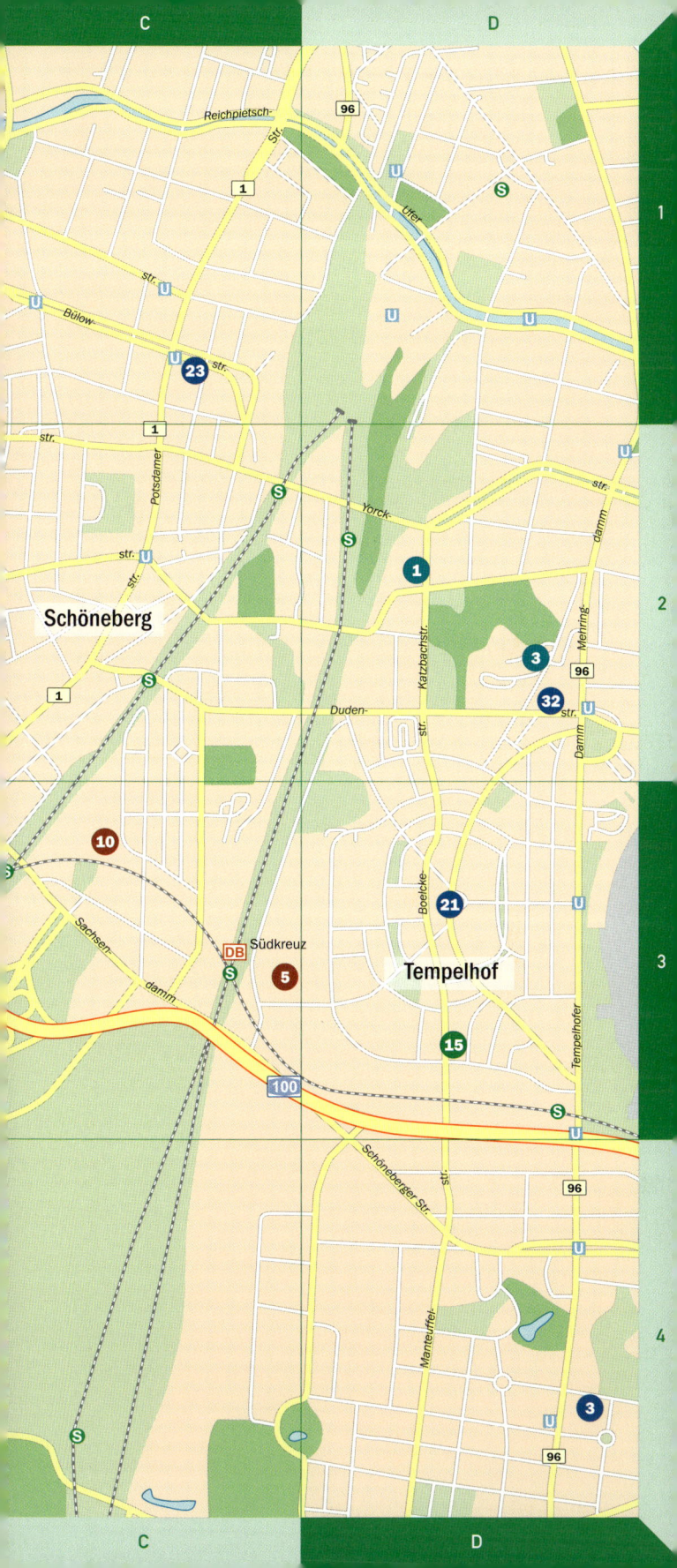

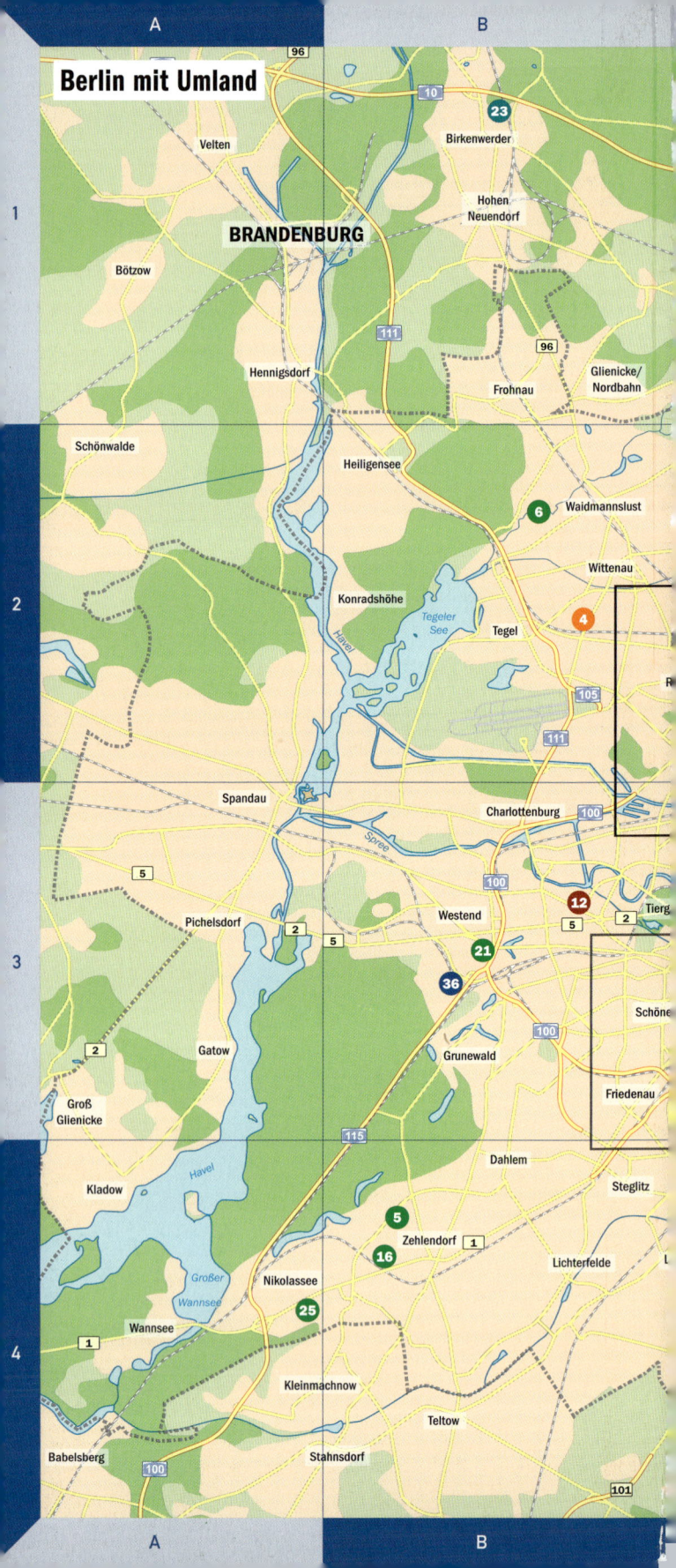